攀登 问上

中国民营企业的
企业文化实践之路

段传敏
栾春晖 / 著

经济管理出版社

ECONOMY & MANAGEMENT PUBLISHING HOUSE

图书在版编目（CIP）数据

向上攀登：中国民营企业的企业文化实践之路 / 段传敏, 栾春晖著.
—北京：经济管理出版社, 2020. 12
ISBN 978-7-5096-7545-8

Ⅰ.①向… Ⅱ.①段… ②栾… Ⅲ.①民营企业－企业文化－
研究－中国 Ⅳ.①F279.245

中国版本图书馆CIP数据核字（2020）第214241号

组稿编辑：张永美　赵亚荣
责任编辑：赵亚荣
责任印制：黄章平
责任校对：张晓燕

出版发行：经济管理出版社
　　　　　（北京市海淀区北蜂窝8号中雅大厦A座11层　100038）
网　　址：www. E-mp. com. cn
电　　话：（010）51915602
印　　刷：唐山昊达印刷有限公司
经　　销：新华书店
开　　本：710mm×1000mm/16
印　　张：17.75
字　　数：213千字
版　　次：2020年12月第1版　　2020年12月第1次印刷
书　　号：ISBN 978-7-5096-7545-8
定　　价：59.80元

曹 虎

▲

美国科特勒咨询集团全球合伙人、中国区总裁

菲利普·科特勒《营销3.0》告诉我们，价值观驱动的企业才能拥有未来。本书呈现了一个中国企业在价值观和文化驱动下成长为行业隐形冠军的案例分析，它生动而清晰地呈现出价值观如何成为企业竞争力的核心。

王 成

▲

TCL 实业 CEO

内圣外王，修身齐家才能治国平天下，企业之道亦同此理，团队是企业竞争力的关键，文化则是团队的灵魂。本书记录了一个优秀企业的探索，进行了多维度的解析，相信读者可以从中收益良多。

施 炜

▲

华夏基石管理咨询集团领衔专家
中国人民大学中国资本市场研究院高级研究员

华耐是一家在建材家居产业链上占据特殊位置的企业。它是经销商，也是零售商，还是服务商，同时也有一定的平台属性。贾锋董事长有强烈的创新意识，近年来一直带领公司进行战略转型，在企业文化建设、合伙人机制构造、自组织架构设计等方面做了很多尝试。建材家居全产业链正面临重大变革，华耐的故事能给我们很多启发。段传敏深入华耐家居，把这个案例写得真切细致，有血有肉，既有专业的深度，又有新闻属性和文学属性。

杨 光

▲

《中外管理》杂志社社长、总编、联合出品人

企业文化的真谛在于"真""实""信"三字。其中，"真"包括"真的相信""真的土壤""真的个性"。华耐家居过去的十几年，在贾锋和全体骨干团队的不懈探索下，生动地诠释了企业文化的真谛。冲击"7+2"的登山历程，不但更真切、更浓缩、更震撼地演绎了一家伟大企业在跋涉成长中，所要面对的所有匮乏与艰辛，坚韧与取舍，而且还超出了组织锻造的范围，同时铸就了一批华耐人的人生风骨。做企业的意义，在于造物，更在于造人。从这个意义上，华耐的攀登文化，不仅是一个结晶，还是一份功德。

何伊凡

▲

财经作家、今今乐道读书会创始合伙人
北京双志伟业集团总裁

一个卓有成效的领导者，都有自己的"元认知"，这会晕染成企业的价值观底色，激励公司不断向前。华耐创始人贾锋先生，他的元认知就是"攀登精神"。登山的企业家也有几位，贾锋的特点第一是敢于不断挑战目标，攀登名山，从把目标确定为哈巴雪山，到"征无止境7+2"的终极目标。第二是他把登山与组织创新结合在一起，不难发现，华耐登山队的成绩，与华耐的发展是正相关的。第三是他在挑战中懂得了敬畏：敬畏生命，敬畏规律，敬畏大势。这恰恰是很多企业家所欠缺的。2020年受新冠肺炎疫情的影响，经济发展受到影响，这是横亘在所有企业家面前的一座须弥山，华耐的攀登精神，更加具备普遍意义。

孙　斌

▲

巅峰运动户外学校校长、巅峰探游创始人
中国登山队原教练

认识华耐贾锋很多年，也有幸多次参与到华耐的登山活动中。作为一名专业的攀登者，在路上我们经常一起探讨登山的意义和人生的价值，我很少看到一位企业家能够把攀登精神视为企业文化的核心，并真正地付诸行动。我相信华耐发展多年能够枝繁叶茂，得益于企业文化这一根系扎得稳健。这本书是对华耐攀登精神的深度解读，还原了一个企业文化体系从构建到成熟的完整历程，值得研读。

序 ▲ 心之所向　攀登前往

　　27 年了，我很欣喜，华耐家居的企业文化能够自成体系，并以书的形式和大家见面。在企业面临一次又一次的机遇与挑战时，我曾陷入怀疑和踌躇中：是企业战略出现了偏差，还是人心变了？2013 ～ 2019 年，在我的一次次登山经历后，这些疑问在时间的推演中有了更加确定的答案，华耐、我以及众多的战友们，在前进的十字路口做出了选择——向上攀登。

　　再次回顾那些经历，一路攀登，一路所见，像极了这 27 年来，华耐家居从张家口一路拓展到全国的过程，艰难曲折但收获颇丰。不断攀登，吸纳所见，个中曲折促使发展，也带来改变，沿途收获提高认知，也推进了企业的前行。

　　2020 年适逢人类历史上百年难遇的新冠肺炎疫情，当灾难盘桓在企业里、在个人头上时，改变的齿轮也被上了发条，往哪儿去？怎么去？对于家居行业这个整体、华耐家居这个个体而言，都是亟待解决的问题。历史和过去的经验告诉我们，一种类似于攀登，可以指引我们直面困难、不断向前的精神或许是解决问题的关键。这不是一句空话！

┃ 攀登前传 ┃

攀登究竟是什么？

在后来的反思中，我认为攀登不只是脚下深深浅浅踏出的每一步，更是当代企业家精神的重要情愫，企业发展的永动力。

1993 年，踏着改革开放的大潮，在家居行业还是一片蓝海时，一次偶然的机会让我赚到了人生的第一桶金。尝到甜头后，我和当时的合伙人以代理商的身份尝试向北京、山东、广州等地扩展。尤其在 1998 ~ 2008 年这十年里，华耐不但开启了与上游制造厂家的长期战略合作，进行全国性营销网络布局，立足零售领域深耕区域市场，还积极进行了各项制度化建设，企业文化由创业起步期模糊的愿景过渡到了团队文化打造阶段。也是在这一阶段，华耐打造了一批业内闻名的"虎狼之师"——华耐营销军。从点到圆，华耐家居初步建立了自己的商业版图。而我，也从一个普通的生意人变成了一个企业管理者。

为了适应这个新角色，我将全部精力都给了它，上课学习、走市场一刻也不敢耽误，同时也找到了一批志同道合的合作伙伴。我深知，一家企业成功的背后，依靠的从不是一个人的功劳，而是一群人的努力和协作，正是这些人，让华耐下一个十年的发展充满了团队色彩，即使遇到了 2008 年金融危机引发的行业地震。

┃ 华耐的攀登"源" ┃

华耐与攀登的结缘，还要从 2012 年讲起。那一年，华耐家居的发展势头正盛，经历了 1993 ~ 2008 年的初创和快速发展后，我们深知，要保持企业在残酷市场中持久的发展势头，就需要高度的凝聚力和执行力来保证团队活力。

登山就是个不错的选择。

2011 年，在集团顾问的推荐下，华耐的精英特训营迁到了江西省井冈山，作为众所周知的红色革命圣地，它不仅象征着艰苦奋斗、敢拼敢闯的勇气和魄力，也为后人留下了宝贵的精神财富。这次大会，除了常规的干货分享外，我们第一次穿上红军装，走进了曲曲折折的"朱毛小道"，在不到 4 公里的攀爬中，汗流浃背的燥热和脚下胀痛的疲惫成了印在细胞里刻骨铭心的记忆，这一段经历在往后时刻提醒着我们——成功来之不易，要不怕苦不怕累，抓住机会，努力拼搏，奋勇向上。

主张艰苦奋斗、积极拼搏的"向红军学习精神"成了初创期后支持华耐稳定发展的精神支柱，在"攀登精神"正式接棒前，华耐正是借着这股"红"力，才能稳稳地在家居建材流通领域占据一席之地。

2012 年 2 月 1 日，我们在北京又组织了一场浩浩荡荡的灵山攀登活动。虽然当天 503 位员工冒着 7 级寒风，在零下 35 度极寒条件下全部登顶，但却造成了 100 多人受伤、50 多人住院的重大登山事故，直接暴露出灵山攀登活动在组织预见风险能力及组织管理上不到位等诸多问题。但没想到，这次经历成为所有华耐人最难忘的回忆，更在心中种下了攀登的种子，甚至成了后来"攀登精神"的起源。为了纪念这次令人难忘的攀登经历，2 月 1 日被正式确立为华耐登山日。

从 2013 年起，攀登文化在企业内部被真正提上日程。1 月 24 日，华耐登山队正式组建，并在三个月后，完成了海拔 5454 米的四姑娘山二峰的攀登，这也是我的第一次攀登经历，至今回忆起来，我几乎还能感觉到死神就在我身边徘徊。"生死之距，不过'怕'字一隔。活着时，很难，濒死时，又恋生，生命的存在如此矛盾、复杂。"我曾这样想。

怕归怕，有怕才敢。随着海拔的不断攀升，一个大胆的计划酝酿诞生——攀登将从国内扩大到全球，从梦想变成现实。11月，华耐登山队"征无止境7+2"的全球攀登计划正式官宣，同月，登山队首站登上了海拔5895米的非洲最高峰乞力马扎罗之巅。这个非洲之巅，在一段时间内曾是我难以启齿的登山历程，由于体能的巨大损耗，我是团队里最后一个登顶的。一个企业创始人怎能落于人后？心理与行动的巨大落差让我自卑、怀疑，直至再攀慕士塔格峰。

我想，如果把华耐的发展比作登山的过程，那这个阶段的攀登只能说小有所成，实际上，我们对攀登精神的参悟不少于对攀登付诸的行动，山在哪里，梦想就在哪里，现实的山尚且可通过脚踏实地达到高点，但企业这座山的高点，却没有一个准确的数字可以描述。时代、市场、消费都在变，唯一不变的就是攀登精神。

危机、挑战在企业的成长中亦如影相随，2012～2017年，华耐家居交出了一份喜忧参半的答卷。喜的是，华耐家居这一阶段的利润整体上相对可观，对应的企业管理、激励机制也日益完善，攀登带来的企业文化建设、品牌效应在行业内效果初显。忧的是，2016年伴随着对大家居产业链的布局，决策层出现了投资分散的局面，由此带来频繁的组织耗散影响到了企业现阶段的稳定发展。也正因如此，在第二个十年阶段发展的后期，我对于企业、对于自我的认知，一度陷入了患得患失的状态。

| 攀登之力 |

2016 年，我决定随华耐登山队一起攀登海拔 7546 米的慕士塔格峰。攀登前，我信心满满，仅一天后，我就出现严重的高原反应，那停留在耳边的呼啸寒风和一眼望不尽的山顶，在几乎窒息了的每一步中提醒我：太艰难了！于是，我主动下山了。回到喀什我开始纠结：我真的要这样放弃吗？

在联想到企业管理时，我豁然开朗：在攀登的路上，人与企业在自然面前不过是沧海一粟，渺小而已。人或者企业，在追求自我价值实现的过程中，必须直面环境与结果的不确定性，敢于承受苦难，并持续攀登。

想通了这一点，我又返回了慕士塔格峰，这一次我没有退让，也没有给自己设限，而是开始让自己放松，并学会接受攀登过程中的各种情绪，我按照自己的节奏一路向上，没想到却意外登顶。这次带给我一个全新的攀登体验，当我不抱怨、不较劲、不纠结的时候，用平常心做好自己的同时却换来一个意外惊喜。站在山顶的我喜极而泣，为了这次不一样的攀登，也为了自己新的领悟。

攀登如此，经营企业不也正是一次次攀登，一次次修行？除了要方向明确，积极向上，更要在这个过程中不断与自我进行博弈，学会站在更广的角度上看问题。

第二年，我随华耐登山队一起攀登珠峰，在珠峰大本营中，我开始思考个人登山与企业经营之间的关系和价值。如果说之前的攀登经历，让我认清了自己，体会到了人在自然界中的卑微与渺小，那这次珠峰的经历，开始让我思考个人的攀登与企业的攀登。

每一次攀登像颗颗闪亮的光点汇聚成为我们个人的攀登履历，

过程中有起伏、有暂停，也可以有断点……而企业的攀登却是一条动态曲线，一旦开启，它没有终结。经营企业，不仅是自己的事业，更是身后成千上万家庭的责任，迎难而上是常态。攀登珠峰并不为了证明企业攀登的高度，而是经历过攀登珠峰的痛苦会让今后任何困难都不值得一提。

心之所向，攀登前往！攀登的意义正在于此，于国家而言，它可激发民族斗志；于个人而言，它可激励人们不断挑战自我，突破极限；于这个时代的华耐人而言，它是责任，是导向，更是动力源泉。

这样看来，攀登并不务虚，反之，它鼓励脚踏实地、有勇有谋地前行，物质与精神层面兼得。当然，要把攀登精神当作企业文化来建设，并非一朝一夕之事，至于它在企业的发展中到底能发挥多大的能量，直至今日，我们犹在探索，但可以肯定的是，若你想找一个民营企业文化建设的典型案例，我们或许会是一个样本。当然，也希望这本书能真的给每一个在读的你，一个全新审视华耐的机会，不论你是旧友还是新交。

贾　锋

引　子

▲

2019 年 10 月，一部国内知名演员云集、被誉为时代精神的主旋律电影《攀登者》在全国院线上映。

这部冒险电影由香港导演李仁港执导，由国内众多知名演员如吴京、章子怡、张译、井柏然、胡歌、王景春等主演，成龙友情出演，因此该片在上映前就曾引发广泛关注。

《攀登者》讲述了 1960 年和 1975 年，中国登山队两次成功从北坡登顶珠穆朗玛峰，实现人类首次北坡登顶珠峰并完成测绘的故事。熟悉历史的人都知道，那是一个特殊的年代，攀登珠峰不仅仅是破纪录的冒险行为，更是关系到领土划分、国民信心和国际形象的国家行为，是政治任务，也是民族使命。

从故事本身来说，它倡导的是一种集体、国家的团队美学，但在《攀登者》这部电影中，这个故事穿插了个体和感情的描绘，使之具有了时代的特色与温度。因此，这部在国庆档上映的电影具有了时代的旋律，因而在个体、组织、国家和民族身上引发着强烈的共鸣：经历了 70 年的中国已然成为世界第二大经济体，推进了 40 年的改革开放也进入了深水区，面对复杂多变的国内外形势，拥有数千年文明史的古老中国，正以崭新昂扬的姿态向着更为宏大的目标攀登，即按照党的十九大绘制的蓝图，在 2020 年全面建成小康社会后，中国要到 2035 年基本实现社会主义现代化、21 世纪中叶建成富强民主文明和谐美丽的社会主义现代化强国，从而实现中华民族伟大复兴的中国梦。

这个中国梦不仅是党和国家的中国梦，而且是包含着每个人、每个家庭、每个组织梦想的中国梦。在国家层面，它强调改革开放，立足务实创新，倡导全面依法治国，重视生态环境，推动文化自信……在企业与组织层面，它们都不能只躺在改革、市场、人口的红利上享受发展成果，而必须向着市场、竞争、长远、全球化的方向不断开拓进取，从大到强、从优秀到卓越，不断向上攀登……

在这部电影上映之前，它所弘扬的攀登精神就在家居建材行业的一位企业家心里引发了持续的波澜。他就是华耐家居集团董事长、总裁贾锋。原因在于，早在 2013 年，他就在企业内部以攀登精神为核心，建设了自己的企业文化，迄今已经坚持 7 年之久。

此外，华耐家居还做了一件特别极致的事情，就是成立自己专门的"华耐登山队"，制订了对地球 9 大极点（七大洲的最高峰＋南北两极点）的"7+2"攀登计划，平均每年挑战 1～2 个极点，2019 年已完成对最后两站（南极极点和南极最高峰文森峰）的挑战和攀登。

华耐称自己的登山队是"家居行业首创"，媒体却称之为"全球第一支"企业极限登山队，认为其应该可以申报吉尼斯世界纪录了，因为搜遍网络，除了一些研究性质的专业探险队和旅游性质的旅行团，没看到哪个企业专门成立这样一个极限登山队，以企业组织的方式完成"7+2"项目！要知道，即使是到了 2019 年，在全球范围内完成"7+2"项目的也不足 100 人，这家企业却一次将数人送进"7+2 百人会"之列，并且累计在 7 年的时间里，将百人次送上"7+2"的挑战征途！

华耐家居在家居建材行业赫赫有名，是行业隐形冠军企业，然而规模不足百亿元，在中国企业界并不显山露水，相比华为、美的、京东、海尔、阿里、联想而言顶多算是"新生代"的后起之秀。然而，这家企业却十分重视企业文化，并且以如此极致的方式推进企业文化建设，这是相当罕见的。

尽管专家教授和国外的无数案例表明，企业文化是最核心的竞争力，然而抵达企业文化这一核心的旅程，其难度不亚于攀登一座珠穆朗玛峰。加之，文化是一种软实力，具有相当的不可把握和测量性，与业绩并不直接正相关，因此，国内企业在实践中往往将其放在相比渠道、产品、营销、品牌、战略、模式等更靠后的位置，大多数企业家甚至认为"老板就是文化""企业文化自然发生"，无须进行专门的关注与建设。

因此，对于更多的中小型企业而言，华耐的实践无疑更具有普遍意义。它提供了一个研究本土企业文化建设的生动案例，也提供了一个建设和探索企业文化的现实机会。作为研究者，我们格外好奇，它为什么如此注重文化建设？建设的过程如何？员工们感受如何？企业文化与业绩有着什么样的关系？它与企业的战略、竞争力的打造又存在着怎样的关系？

2019 年 5 月，研究者们走进这家企业内部，发现攀登精神和攀登文化正处于空前的讨论之中。一方面，不少干部员工对文化建设的方式、效果产生困惑，提出疑问；另一方面，他们对攀登的方向和路径很迷茫。

我们要赞赏这家企业的开放胸怀和直面真相的勇气，因为

2018 ～ 2019 年正是其高速发展的发动机前所未有地放慢的时候，但它仍然选择毫不避讳地对攀登文化进行一个小结，而且明确"不要粉饰"、可以公开讨论争议，将研究成果作为华耐乃至更多中国企业共同讨论和借鉴的客观读本。

这是难能可贵的。因为，在面对公众的时候，大部分企业倾向于选择一个相当成功而富有纪念意义的历史时刻（×× 周年），展示化妆以后的完美形象，华耐家居选择这个时机面对现实，体现了分享的精神、高度的自信和无比的勇气。

在本书中，我们力求攀登项目在企业、行业和国家等几条线中穿梭，重点提供以下几个方向的价值：

（1）在企业过程层面，描绘华耐家居在 2009 ～ 2019 年十年将企业文化显性化建设的过程实践，力求真实呈现一个中小企业建设企业文化的努力和执着。它可能不完美，却富有特色；可能不系统，却相当独特；可能专业感不足，却真实而生动。这是第一、第二章的核心内容。

（2）在企业文化专业层面，努力挖掘攀登文化内核的同时，探讨企业文化建设知与行、行与果、建设与变革的关系。这是第三、第四章的内容。

（3）在文化与经营的关系上，进入更深入、更宏观层次进行思考，呈现文化与发展战略、核心竞争力的关系。以华耐家居为例，对更多中国企业的未来攀登进行深度分析和思考。这是第五章的核心。

在国内，企业文化方面的著作不少，但多数为理论层面的分析与探讨；少数的几本案例著作往往是国内外巨型企业的成功总结，与大多数企业的实际相去甚远。因此，本书力求以平实的视角、多元维度，呈现一个隐形冠军企业建设企业文化的案例，在此基础上，进行更深入的分析、讨论和思考，为广大中小企业呈现一个生动、鲜活案例的同时，带给它们更多的思考与启迪。

接下来，让我们一起进入历史的隧道，在蒙太奇般时空切换的多彩呈现中，体验、领悟、思考一个企业进行文化建设的时空与精神旅程吧。

目 录
CONTENTS

▲

第一章　华耐上山

第三章 不令而行

▲ **第一节 品牌上行**

▲ **第二节 引力波**

▲ **第三节 三大反思**

第四章 文化硬核

▲ **第一节 十年一瞥**

▲ **第二节 文化硬核**

第一章

华耐上山

第一节 ▲ 灵山记忆

北京最高峰

可以说，在华耐家居很多管理者的心中，都藏有一段"灵山记忆"。

灵山是一座位于北京市西北郊区的山峰。很多人都知道北京有个香山，却未必知道灵山才是北京的最高峰——海拔 2303 米，香山海拔不过区区 575 米。当然，"很多人"也包括在北京工作和生活十多年的很多华耐家居员工。

之所以特别提到后者，是因为他们公司组织的一次"疯狂"拓展活动：2012 年 2 月 1 日，寒冬季节，华耐家居 503 名干部——几乎荟萃了其全部管理干部精英——在 7 级大风和 –35℃的极寒天气下，花了七八个小时，集体登上了这座相当难攀的高峰，差点酿成一次登山事故。

每年农历新年的正月初七到初十，是华耐家居例行的年度会议时间。自 2009 年以来，他们将会议称为"训练营"，正式名称是"华耐家居营销精英特训营"。

整个会议历时 4 天。会议期间，包括公司董事长在内的来自公司总部各职能部门的负责人、全国各销区负责人、品牌负责人以及核心门店的经理都会被召集到一起，先举行 3 天的封闭会议，讨论新一年的重大事项，进行各种培训。所有与会管理人员，一律早上 6 点钟起床跑步，白天进行集体活动和培训学习，晚上开会讨论到深夜 12 点。

据说，在春节后的上班之初就举办如此高强度、高密集度的训练，已是这家公司将近 10 年的传统。其目的是让大家从农历春节的假期状态中"苏醒"，迅速进入工作状态。也就是说，他们要在正月十五正式开年之前，让全员进入充分的营销战备状态。

最后一天则往往安排一次团队拓展活动。自 2009 年起，华耐家居开始在内部倡导"向红军学习"。两三年来，随着学习活动大张旗鼓地展开，红军精神被切切实实地贯彻执行，许多管理干部先后几次登上井冈山。他们开始喜欢上了爬山这项运动。

2012 年春节前夕，公司高层决定将团队的拓展活动确定为攀登主题，将登山活动推广开来。

主题确定了，接下来要研究的是究竟登哪座山，这似乎也不是什么难事，因为事事奋勇争先、人人勇当第一的华耐人当然会选择最高的那座。有人在网上搜索了一下，灵山是北京的最高峰，目标似乎就这样"轻易地"确定了。

虽然有了灵山的高度，但组织者们当时还没有确切的风险概念，只是觉得和泰山、井冈山、华山差不多，别人登得上去，华耐人肯定没什么问题。随着时间的临近，春节假日后期，他们聘请的向导——一位退役的特种兵发出警告，在 2 月 1 日（正月初十），有一股亚洲极寒的冷空气可能袭击北京，因此登山风险和难度将大大增加。

会务组根据登山向导的要求发出了通知，但这一提醒的重要性和隐含的风险似乎并未引起公司管理层特别的注意。

集体挑战

2月1日一大早，天还未亮，包括贾锋和全部副总裁在内，来自各地的"高级将领"已经集合完毕，十多辆大巴载着503人的队伍，浩浩荡荡地出发了。这500多人几乎囊括了当时华耐家居的全国所有干部精英，他们胸中激荡着一腔热血，集体向灵山发起挑战。

华耐不但有业绩上PK（对决）的传统，在很多团队活动上也要PK，每个团队都奋勇争先，不甘落后。因此，这次活动中，庞大的队伍被编排成多个小组，相互之间开展攀登PK。

像当年夜行的红军一样，这支穿着迷彩服的队伍浩浩荡荡向山顶进发。一路之上，员工群情激昂，丝毫没有受寒冷天气的影响，更未把向导发出的山上可能大幅降温的警告放在心上。

这是一次事后想起来令人心惊肉跳的登山活动：一是如此恶劣的气候条件；二是如此庞大的人员规模；三是登山成员基本没有受过专业训练（只有少数人有意识地提前进行了训练），甚至有人从来没有爬过山，有人不太喜欢登山；四是对困难和挑战估计不足，在活动组织执行上存在不少疏漏。后来统计，有60多人为了追求小组成绩，将配备的军大衣放在酒店里，有来自南方的员工竟然穿着单裤上了灵山。

同样是这一年，10个月后，同样遭遇了大风天气，两名北京驴友在-20℃的灵山上不幸遇难。事后有媒体评论："极寒天气登山太草率。"登山界人士说，在这种情况下，应该严格审核参加队员的基本情况，以及领队的登山从业资格。在正常情况下，一个领队只能带 15 人以下的队伍，每增加 10 人要增加一名副领队，也就是说，华耐 500 多人爬山需要配备 50 名领队，但事实上当时的领队只有几个人。

专家们说，寒冷天气很容易给人造成失温、冻伤等伤害，参与者要装备充分，掌握防止失温、冻伤等防寒知识。

在那次印象深刻的攀登活动中，尽管有人冻得直打哆嗦，尽管后来口号已经喊不出来，很多人心里打着退堂鼓，但 503 人没有一个人说要放弃，也没有一个人落在半路上。这支来自全国各地的、业余都算不上的登山队伍，竟然在大风和寒冷的夹击下，创造了一次集体奇迹，经过七八个小时的艰难跋涉，全部登上了海拔 2000 多米的山顶！

这是多么令人欣喜若狂的一刻！很多人直接坐在了地上，一些人甚至流出眼泪。顶峰上依然残留着大片的积雪，兴奋不已的他们欢呼着，在山顶上留下一张集体大合照。

时任华耐商学院院长的张海霞平时就不太喜欢运动，她是这次登山活动的组织者，随大部队一同上山。走到半山腰的时候，她感觉双腿几乎迈不动了。"当时实在有些顶不住了，但看到大部队没有一人退却，我鼓起了一路前行的勇气。"她回忆说，"当时哪怕有一个人说下山，一定会有一群人跟着下去。可是，在前进的过程中，竟然没有一个人说出来。大家都只有一个念头——向上、向前。也正是这样，像我这样不爱登山的人都在这样恶劣的环境下突破了自我，完成了对自己来讲不可能实现的攀登目标。我想，这应该就是团队成就个人的最好诠释。"

灵山之后，华耐组织的登山活动次数渐多。很多参与者在回忆这次经历的时候，都会在感叹的同时升起一股感动：如果是一个人，会因当时种种原因选择退缩和放弃，但与华耐的同事一起攀登的过程中，他们都因身边队友的不放弃而坚持下来，突破了自我，创造了奇迹。

正因为如此，这次登山活动带给华耐人的记忆冲击才会如此深刻、如此强烈，成为华耐人心头的"灵山记忆"，更成为华耐攀登精神的肇始。

想象一下这样的画面，在如此严寒的环境下，这些平素运动不多的管理者表现出集体主义的团队美学——他们穿着迷彩服、军人衣，在红旗的带领下，相互鼓励、相互照顾，彼此竞速前进……这是一幅怎样动人的画面！这群人不抛弃、不放弃，在寒风之夜向着黎明奋勇挺进，向着北京高度奋力攀登。他们忘记了抱怨、忘记了伤痛、忘记了风险，一步一步朝前迈进，心中只有一个目标——一起登顶。

这是一支多么勇敢、团结、强大的团队！

到达山顶的时候已经天光大亮，脚下是未化的积雪，四周是劲吹的寒风。这么多人挤在山顶上很容易发生危险，因此，组织者迅速指挥员工下山。

这正是精神和文化力量的强大所在。精神体现的是个体的主观能动性，更多的个体形成的一个群体，则呈现出一种团队文化，这种文化反过来会给个体带来意想不到的精神力量。

又经过三四个小时，员工们陆陆续续回到停车场，纷纷钻进开着空调的大巴里缓解寒冻，殊不知，这一举动犯了大忌，因为这很容易导致冻伤部位的损伤扩大。人们发现了异样，有的人耳朵迅速肿了起来，有的人手上冒出一个大疱，更多的人出现头痛症状。回程中，越来越多的冻伤信息报上来。组织者开始意识到问题的严重性，立即联系治疗冻伤最好的北京陆军总医院，将冻伤者直接送院就诊。

后来统计，100 多人被送进了医院进行紧急治疗，其中 30 多位需要住院医治。受伤的比例不小，一次公司集体活动竟然导致如此严重的后果，贾锋心急如焚。他一直在爬山的队伍之中，本来就极度疲累，一急之下发起了烧。在回程的大巴上，他果断下令，不管付出多大代价，一定要选择最好的冻伤医院、用最好的医疗方法进行治疗。他紧急联系医院并且一刻不停直接将受伤者送往医治，到医院后，他专门拜访医院院长，请对方给予高度的重视与支持。

安排妥当之后，他马不停蹄，去病房看望每一位就医的同事，询问受伤和诊治情况，面对面表示慰问。

攀登灵山，本来是一次例行的团建活动，因种种原因变成企业发展过程中，具有实质改变和深远影响的重大事件。

┃ 攀登精神 ┃

回到酒店，贾锋思绪万千。一直以来，他笃信："选择一个有成功基因的团队，比你一个人单枪匹马死磕更重要。"他 20 多年来孜孜以求的，就是打造出这样一支超级团队。

他一直相信，华耐人是一支战斗力强悍的家居建材营销铁军，执行力之强是可以引以为豪的，但此次团建活动暴露出的不足超出了想象，究竟是哪里出了问题？员工们会如何看待这次活动？

贾锋有个习惯，思考的事情从不过夜，重要事件的讨论都要由他和团队一同完成。这天晚上，他连夜召集了部分主要负责的干部开会，总结和反思灵山事件的经验教训。

第二天，公司组织了特训营特别总结分享会，邀请部分有代表性的登山者分享灵山攀登活动的心得体会。会上，贾锋带头做了反省和总结。他说："在大自然面前，人类相当渺小，所以一定要有敬畏之心。虽然华耐员工都具备不怕吃苦的精神，但是不尊重客观规律，在全亚洲范围内的极寒天气条件下，竟然举行如此大规模的户外登山活动，另外，缺乏专业登山技能的知识储备和系统准备……这些，对于一个企业来说风险还是巨大的。"

令贾锋惊讶和感动的是，员工们在分享中并没有埋怨公司和组织者，而是表达了充分的理解。他们对这次克服重重困难攀登灵山的经历非常自豪：虽然大家遭遇了重重困难，但每个人都超越和克服了困难；虽然有人挂了彩，但华耐人的团队精神却出人意料地被激发出来；虽然登山有一定风险，这样的活动却可以激励人艰苦奋斗、超越自我。

时任华耐家居副总裁高雪峰从山上下来，右耳严重冻伤，直接住进了医院。他躺在病床上，打着吊针录制了视频。在播放的视频中，他谈了自己对此次活动的反思与总结。第一，这次活动在一些环节上的确考虑不周，让一些员工受伤，但华耐的员工并没有抱怨，反而表现出一种强烈的乐观主义和集体主义精神，这是难能可贵的。第二，这次活动体现了华耐强大的执行力。公司制定了决策，可爱的员工们坚决执行，这是华耐之魂。第三，此次登山过程对所有人的心智都是极大的考验，这与企业经营理念异曲同工。

坐在现场的"高级将领"，对代表们分享的每一个词、每一个字感同身受，又经历了一次集体精神洗礼。他们不但被别人感动了，更被自己在攀登过程中突破自我、超越自我的非凡表现深深激励着、鼓舞着。他们感谢登山带来的这种异乎寻常的经历和精神收获。

许多干部——包括冻伤者，都积极看待这次活动带来的效应：虽然不少人受伤，但华耐的精英们在极端天气下展现出强大的执行力以及艰苦奋斗、团队协作、比拼赶超的精神弥足珍贵；虽然有一定风险，但就像经营企业一样，只要掌握好方法、做好准备，就可以战胜困难。听着大家的发言，贾锋的内心深受感染，甚至相当感动。原本，经过此次事件，他以为大家会排斥类似的活动，但经过大家的分享与讨论，员工们反而更积极地思考攀登的价值和意义。这让贾锋意识到，登山活动不但体现了坚韧、执着、吃苦耐劳的奋斗精神，还能提升大家对自我的认知，促进自我超越，因此是一种十分有益的团队文化建设的形式。至于暴露出来的问题，关键是如何将登山行动转入专业化轨道，只要发现了就能一一提出并解决。他指出：第一，以后不宜举行这么大规模的登山活动；第二，每次登山应该有专业的指导，并进行系统的准备。

很快，这些精英员工回到全国各地各自的工作岗位上，开始了2012年度开拓市场的进度和业绩的冲刺。他们都从灵山带回去了一份弥足珍贵的体验和记忆。灵山攀登就像是一个盛大的集体仪式，不但给了贾锋巨大的信心，而且攀登精神的种子，已经在华耐管理层的心中悄然种下。

5月，经过数次大小范围的沟通、开会，华耐家居高管一致通过，将攀登精神正式确定为企业的核心精神，同时把每年的2月1日定为华耐"登山日"。攀登精神正式成为新时期打造企业文化的核心关键词。

华耐家居的企业文化建设从2009年开始显性化、专业化、系统化，开启了"向红军学习"的精神创建和企业文化建设活动，3年下来取得了相当出色的成绩。现在，他们决心再接再厉，与时俱进，选择能体现自我、可以与年轻人深度共鸣的攀登精神作为企业文化建设的核心精神。时至今日，攀登不但成为华耐员工的日常行为和集体意识，更演变成一场轰轰烈烈的"征无止境 7+2"品牌运动，成为华耐精神和企业文化的独特标签。

当和华耐员工们谈论攀登精神起源的时候，大家几乎有一个"标准答案"——"一切都从灵山开始"。

第二节　▲　玩的何止是心跳

｜　华耐是谁？　｜

不熟悉家居建材行业的人可能会问：华耐家居是谁？很有名吗？

不，它不太知名。大多数人的目光只会被经常曝光的华为、小米、海尔、腾讯、阿里、苏宁、京东、美的、TCL 等少数企业吸引，一方面，这些企业与大众生活关联度高，另一方面，它们已有千亿级规模，属于中国企业的一线阵营。

这些企业的一举一动均受大家关注和解读。然而，对于更多的创业者或走入职场的年轻人而言，它们已经太过高远，反而让人生出遥望和陌生之感。因此，我们更愿意将目光放在新生代的企业上：它们不太知名，却是某个行业的"隐形冠军"；它们规模虽然不是很大，却在经营上富有特色，管理思维也更现代。

德国管理学家赫尔曼·西蒙教授在所著的《隐形冠军》一书中，通过大量数据和事实证明，德国经济和国际贸易的真正基石不是那些声名显赫的大企业，而是这些在各自的细分市场默默耕耘并且成为全球行业领袖的中小企业。该书揭露了这样一个事实：并不总是只有那些大公司才能挑战市场，那些行动迅速、市场集中、高度专业化的公司同样能够将它们的谋划付诸实施，最大限度地努力接近客户，从而取得市场领先地位。

中国也有不少这样的隐形冠军企业，它们不知名，但在其领域内足够强大。当然，其中大多数在全球化这一指标上尚缺乏优势，这主要归因于它们背靠一个14亿人、不断发展和增长的，甚至很快将成为世界最大的单一消费市场，不像日本、欧洲等国家企业那样具有国际化的天然冲动。依照隐形冠军理论，在中国这个全球化背景下的单一市场取得领先地位亦能进入隐形冠军之列，因此，尽管许多中国企业规模不大，但它们的经历和经验值得国人认识、学习和研究。

华耐家居就是一个隐形冠军企业。它是家居建材流通服务领域当之无愧的领军品牌，在家居建材流通领域一骑绝尘，其运营的品牌之多、覆盖的区域之广也无出其右。目前华耐家居运营马可波罗瓷砖、蒙娜丽莎瓷砖、欧神诺瓷砖、L&D陶瓷、箭牌卫浴及瓷砖、法恩莎卫浴、美标卫浴、唐彩浴室家私、欧派家居、志邦橱柜、金牌橱柜、好莱客衣柜、奥普吊顶、友邦吊顶、梦天木门、我乐家居等40多家国内外一线品牌家居产品，业务范围遍及全国。

如今的华耐家居已经实现了多渠道、多品牌的连锁运营：经营的品牌多、辐射区域广、经营规模大；同时，还在供应链一体化服务方面不断强化自身能力，打造出一家以消费者为中心、提供家居建材多元化产品的销售（零售）服务企业。

同业之中，堪与之比较的只有同属于渠道企业的红星·美凯龙、居然之家。它们分别号称中国家居面积最大、第二大的商场运营商。表面上它们也在服务于家居建材业的零售，但定位是运营大的连锁销售卖场，各品牌在其中租赁其物业，自行销售，因此本质上不属于专业意义上的流通业（批发、零售、特许经营或佣金代理服务），而是提供卖场出租、引流服务的地产业，其收入主要来自房屋租赁、管理费、咨询费。

因此，我们格外好奇，华耐这家 1993 年成立于河北张家口万全县的一个街边瓷砖店，何以成长为家居建材行业的领军品牌？对于全国上万家类似的商家、对于更多的中小企业，它的成长、探索与思考具有怎样的启发价值？

令人印象深刻的是，这样一个家居建材企业竟然热衷于爬山，并且一不小心玩出了世界高度：它成立专门的华耐登山队并且要挑战"7+2"目标，这可是登山界为之魂牵梦萦、热血沸腾的梦想啊！要知道，这 9 个点代表的是地球上各个坐标系的极点，是全部极限点的概念，代表着极限探险的很高境界。

你认为华耐是一时心血来潮吗？不，它在切切实实地推进这个计划。2019 年年底，他们已抵达"7+2"项目的最后两站——南极极点和南极最高点、海拔 5140 米的文森峰。你认为它在炒作吗？不，它将攀登精神作为企业文化的核心来建设，已坚持了 8 年。

企业文化理论是 20 世纪后 20 年席卷全球的管理思潮。20 世纪 80 年代初，哈佛大学教授泰伦斯·迪尔和科莱斯国际咨询公司顾问艾伦·肯尼迪在所著的《企业文化》中，用丰富的例证指出：杰出而成功的企业都有强有力的企业文化。随后，另一位管理学家托马斯·波得斯也在《追求卓越》一书中指出："企业文化是企业生存的基础、发展的动力、行为的准则、成功的核心。"也就是说，企业文化是企业长远发展的精髓。上述两本书和威廉·大内所著的《Z 理论》、巴斯克和艾索思合著的《日本的管理艺术》并称为企业文化理论研究的"四重奏"。

时至今日，恐怕没有哪位企业家否认企业文化建设的价值，尽管很多人常常将之简化为企业精神。另一个不容忽视的事实是，大多数领导者会将之视为自身言行的自然结果，或挂在文化墙面上的文字与标语，将之放在收入、利润、增长速度、渠道建设等一连串的经营词汇之后，因为尽管明白企业文化与经营绩效存在长期的联系，但企业文化的价值常常被有意无意地忽略了。

原因是什么？陈春花教授认为，大致有四个：第一，其形式和方式极其内在，过程自动机械，令人毫无察觉；第二，文化难以捉摸；第三，往往在习惯遭遇挑战时才会意识到文化的存在与重要性；第四，大多数人将之当作一个特定不变的东西。（陈春花，《企业文化塑造》）

在笔者看来，核心的原因在于：一方面，知易行难；另一方面，行与果之间量化更难。是的，企业文化是一个企业的核心竞争力，然而，它是组织、管理、营销、品牌、战略等一系列企业软实力建设中最"软"、最抽象的存在；外在的形式化建设可以快速完成，发自员工内心的认知与认同有多难？而且，它的推进往往受到企业短期经营状态的影响——如果一个企业连生存都困难了，谈什么长远的企业文化？

令人称奇的是，华耐自成立以来，一直保持着稳健发展。

即便如此，2013 年当它宣布成立企业登山队，开启"征无止境7+2"的目标时，许多企业是惊诧、怀疑甚至嘲笑的。一个家居建材的流通企业，业绩是王道，谈什么企业文化？攀登国内名山大川也就得了，搞什么全球"7+2"极限挑战？是不是在作秀？

据不完全统计，自从 1997 年俄罗斯人科纽霍夫·费奥多尔（Konyukhov Fedor）第一个完成"7+2"探险活动以来，截至 2010

年，全球只有 13 人完成此项壮举（业内人士估计到 2019 年也不足
100 人），而华耐却要让一支队伍完成"7+2"目标，这让大多数人心
生疑虑。但就在 2013 年，华耐登山队不但实验性地登顶海拔 5396
米的哈巴雪山及海拔 5276 米的四姑娘山二峰，还立即开始了"7+2"
的第一站。11 月 18 日，华耐登山队首次走出国门登顶非洲最高
峰——乞力马扎罗峰。

接下来的 2014 年，华耐登山队再度两次出征，分别在 5 月、12
月登顶欧洲最高峰厄尔布鲁士峰和南美洲最高峰阿空加瓜峰。以后
每年至少完成一个目标：2015 年又登顶北美洲之巅麦金利峰。2017
年，华耐登山队成功登顶世界最高峰珠穆朗玛峰……自 2013 年迄今
坚持做了 8 年、2019 年按计划完成全部"7+2"项目，这样的攀登精
神坚持的时间之长、认真执着让人叹服——华耐家居真是玩到了极
致，玩出了心跳！

随着时间的推移，捷报不断传来，人们的态度变成了惊讶、赞
叹甚至羡慕。攀登成了华耐人和合作伙伴，甚至是消费者交谈的话
题，大大提升了华耐的企业形象。

这只是攀登带来的价值的冰山一角。最可贵的是，这家企业将
攀登精神视为企业文化的核心，倾力打造和实践。这在国内企业界
是相当罕见的，因为除了像阿里、华为、海底捞等少数超大企业、
"尖子生"，大多数企业还没有像它这样，花如此之多的精力和财力
在如此"务虚"的企业文化建设上。

▎目标不断升级 ▎

尽管总结起来似乎高大上，但回拨时间指针，进入历史的隧道，

你会发现里面充斥着诸多变化的细节和漫长的节奏。

从 2012 年的灵山事件到 2013 年 1 月宣布成立登山队，倡导攀登精神，其间反复讨论、思考，经历了整整一年的时间。事实上，如果从攀登精神的提出算起，时间还要往前推回到 2011 年——这一点我们稍后提及。也就是说，在很多人的想象中，企业文化建设是暴风骤雨、雷厉风行式的，但事实上，在华耐，它的推进是和风细雨式的，是一个反复思考、讨论和酝酿的过程，甚至，它一开始就不是完善和成熟的，中间很多偶然因素起着相当重要的作用。

这里，不能不说到贾锋这位华耐的创始人、掌舵者，与他的企业家身份相比，他更像一位爱学习的思想家。

说起爱学习，老华耐人会提到一件事：20 世纪 90 年代中期，公司刚刚进入北京市场不久，贾锋经常利用业余时间跑到北京大学去当旁听生。2000 年年初，为带动公司更多人学习进步，又将公司总部搬迁至北京大学附近的中关村太平洋大厦。直到现在，贾锋的北大情结似乎依然浓厚，他不但完成了其 EMBA（高级管理人员工商管理硕士）课程，现在还在继续攻读博士。

《中外管理》杂志是国内著名的管理期刊，其创始人杨沛霆教授也是管理学方面的著名专家。2013 年，他曾在《华耐的管理故事与哲理》一书的序言中回忆起与贾锋交往的细节："1997 年，在《中外管理》杂志社每月定期举办的管理培训班上，一个爱学习的年轻人引起了我的注意。他是培训班上的常客，不仅自己学得认真，还把公司的其他高管也带到培训班来学习。"后来，贾锋又诚恳邀请杨沛霆教授到公司给管理干部授课。《中外管理》为华耐发展前期训练干部的管理思维和方法及拓宽视野起到了积极的影响。

可见，贾锋不但自己善于学习，而且善于带领团队一起学习。

他还有个特点，就是几乎与遇到的每个人都认真地分享、探讨问题，哪怕是刚认识不久，哪怕是一个普通员工，他都会认真地征询意见，让人感觉胸无城府、直率而认真。很多时候，他会反复和你探讨半天时间，好像完全没有时间和效率的概念。

建设攀登精神的重大决策颁布之后，在落地执行方面，高层们当时的想法是，先登遍国内的名山。2012 年 5 月中旬，华耐年中营销会议在山东济南举行。组织者特别安排了与会干部们一起攀登著名的五岳之首泰山，在 1532.7 米的高度体验了一把"会当凌绝顶，一览众山小"的豪迈。

年底，时任副总裁的庞建国找到北京张家口企业商会秘书长贾庆贺，谈及华耐登山队组建、准备登遍名山的初步想法，被后者泼了一盆凉水："登名山的想法太扯了！你们想象一下，华耐登山队队员们在登上了名山，要拍个照片留念时，突然发现背景框中有几个老太太在挥舞着剪刀手——这样是不是感觉很怪？"贾庆贺有一定的户外经验，他建议华耐登山队要登就登有点难度的雪山，它不但对团队协作提出了更高要求，而且更加适合登山队全面体验攀登精神。第二天贾庆贺就将登山方案报给了华耐，贾锋看到方案后立即同意了，委托贾庆贺协助此事，并担任华耐登山队教练。

自灵山之后，贾锋一直在思考，攀登精神的实施不能指望大家都去登山，毕竟华耐是一家企业，忙碌的时候大家没有时间和精力，因此，成立登山队、选择一些员工代表企业进行攀登，既可以体现公司在精神上不断挑战更高的目标，又是给大家的实践示范和精神鼓舞；另外，攀登体现的就是更高、更强，目标必须要高，难度必须要有。

2013 年 1 月 11 日，贾锋在接受"搜狐·焦点家居"记者采访时说："支持企业发展的核心力量应该是什么？是员工的进取精神。"他指出："中国改革开放 30 年来，很多企业、很多人都完成了资本积累，过上了富裕的生活。但是，前进的动力是什么？我认为是一种信念，一种不断进取的精神。就我们公司的文化来说，是要有攀登精神。"

华耐登山队的第一个攀登目标是哈巴雪山。2013 年 1 月 24 日，由华耐家居发起、内部选拔队员，成立华耐登山队。当时，谁也没有意识到，这不但是家居建材业的第一支企业登山队，可能在中国乃至全世界的企业界也是唯一的一支。静若处子，动若脱兔，用这句话形容华耐人和贾锋比较恰当，别看平素贾锋开会、求证、思考的时间漫长，一旦决策，行动起来却雷厉风行。

当天，华耐登山队的首批队员就出发了。3 天后的 1 月 27 日，这支队伍就已经将旗帜插上了哈巴雪山的山顶！

贾锋的脑海中几乎没有雪山的概念，他要做的是亲自体验。他虽然很少运动，但挑战更高的目标一直是他的习惯，他相信，别人能做到，自己一定也可以。一方面，总裁理应是企业的带头人；另一方面，他的习惯是，一个决策行不行只有亲临现场才知道。

就这样，当年 6 月，贾锋和华耐登山队队员，登上海拔 5276 米、被誉为"蜀山之后"的四姑娘山二峰。

在华耐登山队，有一个叫宋强的人不得不提。登四姑娘山的时候，他还是一名户外极限运动爱好者，也是华耐临时聘请的登山教练。活动结束后不久，贾锋就向他发出了邀请，期望他参与华耐登山队的建设。最终，宋强难却这份盛情、难抵那份热爱，以教练的身份加入其中，成为登山队的中坚力量。后来，在宋强的引荐下，一位叫孙斌的极限攀登大咖进入了贾锋的视野——他担任过奥运火炬珠峰接力活动一线总指挥，是中国国家登山队原教练，国际登山向导，曾两次登顶珠峰，可谓登山界风云人物。

在后者的影响下，华耐登山队的目标再度升级，直接跃升到专业极限登山界都眼热心跳的目标——"7+2"！于是，华耐登山队"征无止境 7+2"的战略项目确定并付诸执行。此举将华耐登山队的级别提升为全球极限登山级！这在全球企业界都是唯一的一家！也就是说，华耐家居一不小心创造了一个全球第一！

对贾锋而言，挑战更高的目标、向最优秀者看齐似乎是一种难以抵挡的诱惑。这似乎是华耐家居不断成长壮大的内在动力和发展源泉。

这与陈春花教授在《企业文化塑造》一书中表达的观点异曲同工，"敢于迎接巨大的、令人生畏的挑战——就像攀登一座大山那样"则是"成功公司和普通公司的不同之处"，因为，"一个真正成功的公司的目标是明确和有吸引力的，能够把所有人的努力汇聚到一点，从而形成强大的企业精神"。

"探索社会进步的实践"

在贾锋看来，办企业要赚钱、要创建一个品牌，这都并非本质目的。在他看来，这是一项"探索社会进步的实践活动"。因此，他更关注的话题是：人与人之间究竟该有怎样的生命依存状态？

2011 年 5 月，一家媒体曾经这样描述："在贾锋的骨子里，其实还没把赚钱当一回事。他总觉得简单地经商赚钱，把一个公司、一个家庭治理富裕，是一件很小的事情，不难。商界是一个广阔的世界，企业真正存在于这个社会的价值，是要创造良好的商业环境，以协调人与人之间的物质关系、精神关系。"

在贾锋看来，建设良好的商业社会关系的关键，是企业怎样引导自己的员工。其中两点不可偏废：第一，重视激励，这是给予每个人的尊重和公平；第二，将精神激励视为不竭的动力。可见，在他的心中，精神激励是根本、是关键；在目标上，将企业做大做强是基础，而将企业文化打造成人人奋勇拼搏、不断自我超越、勇攀高峰的状态，甚至能促进商业环境的改善才是最高境界。

这一条从他的创业路径选择上就可见一斑：1993 年创业之初，他就搞起了模拟股份激励制，最先是兄弟之间，很快扩大到亲戚、朋友，然后是员工；1996 年他将范围扩大到全员，搬运工、厨师、司机都可以入股。这一方面显示出他做大事业的进取心，另一方面看出他的追求——每个人都能分享到企业发展带来的红利。

在实践过程中，他对股份制进行了深入的研究和思考："股份制的核心就是所有权制度和分配权制度的共享。其中，所有权制度代表着身份和地位，影响着企业决策；分配权制度代表着一种劳动付出的经济关系，在于体现成员之间的平等、尊重，影响企业的凝聚力。这两方面都决定了员工对企业的认同度。而决策、凝聚、认同都是企业管理的重大制度安排，直接影响企业的健康、效率、安全和发展。"（王缨，《中外管理》，2011 年第 10 期）

因此，一方面，企业精神是企业的灵魂，也是企业文化的核心，它以企业（家）的价值观念为核心，以价值目标为动力，深刻影响着企业的经营哲学、管理制度、道德风尚、团体意识和企业形象；另一方面，企业的经营体制、制度建设和绩效考评也深刻影响着企业精神与文化的建设。可见，精神与文化均不是割裂地独立存在，而是与组织运行密不可分的组成部分，正如人体之中既有骨骼、血肉，又有经络密布、精气神运行。

《中外管理》杂志记录了贾锋早期创业的故事：有一次，贾锋只有几千元的时候，向亲戚朋友借钱凑了 6 万元钱，从广东发了一火车皮的货到县里。尽管最终也没赚到多少钱，但是敢以超出 10 倍自有资金的资本来运作，他特别有成就感。

这则故事显示，贾锋做大企业的愿望相当强烈。随后，他就将原来的北雁建材经销部改名为华耐建材，表明他不但要做一个北方的大雁，还要做一家在中华大地上持久运营的企业。1996 年进军北京，迈向全国的制高点。1997 年又相继进军天津和济南。

同时，这则故事既是贾锋选择模拟股份激励制的动机，又是其通过这一制度实践理想的出发点。毕竟，这既是融资的有效办法，又是公平分配的好办法。

据说，早期的"贾氏股份制"完全是"土法上马"：以 1 万元为单位，在企业存放一天，就算一股，存放一个月就是 30 股，存放一年就是 365 股。你可以随时把钱交给企业，也可以随时提走，原则就是：按天算股。到年底，则算出所有人的总股数，用企业总利润除以总股数，一股多少钱就算出来了，然后大家根据各自的股数分红。1996 年，这个朴素的做法被取消，华耐召开了第一届股东大会，选举董事 5 人，监事 1 人。同时，公司组织架构的确立及管理制度的制定，宣告华耐模拟股份激励制度进入新的阶段。

无论是"土法上马"还是现代企业制度，其运行的关键是"信"——制度算不算数。一个人想要要赖，定的制度、业绩考核、合同都可以以各种方法反悔。这在很多企业似乎很常见，但对华耐而言，一诺就是千金，定的制度尤其是分红必须兑现。

1993 年以来，华耐没有停止过发展的脚步。这家企业能够稳健发展的奥秘究竟是什么？

局外人可能会不以为然：在中国房地产的黄金 20 年带来的市场大势下，企业几乎都在发展成长。这是因为你没看到那些消失的企业和经销商。剩者为王，为什么华耐能发展到如此大的规模？

对这个问题，很多华耐人将之归因为机制，也就是以模拟股份激励制度为核心的激励机制。研究小组将这个问题抛给了很多在华耐工作长达 10 年以上的营销干部，他们几乎都给出这样的答案。几乎可以这样讲，华耐之所以能够不断地吸引众多优秀人才、四处开疆拓土，与公司自创业之始就实践的模拟股份激励制度有莫大的关系。当然，机制也包括分红机制、业绩奖励机制等。

另一个不容忽视的地方就是信任。华耐在分配机制上向来说到做到，这是长久以来华耐坚如磐石的信条。也正是如此，华耐在家居建材行业对员工的激励力度是出了名的大，甚至落下了现在管理变革和人才管理的"后遗症"。这一点，我们后面会加以讨论。

信任的建立必须以制度有效为前提，而制度的有效则意味着企业家或老板的权力受到制约，实施部门管理的分权主义。这对很多老板来说几乎是不可接受的，因为公司这样运行可能意味着效率大大降低，企业家的智慧、意志得不到理解和贯彻。

这样的观点在贾锋那里没有说服力："一个人的智慧和能力都是有限的。发展早期可能还勉强，但后期企业规模越来越大的时候，靠一个人风险会更大。企业的发展必须依靠一个团队。"

现任监事长李枝娥回忆与贾锋一起创业的细节："白天大家忙碌了一天，都累得够呛。晚上贾总要求所有人回到店里开会，一开就是几个小时。后来次数多了，丈夫就疑惑：你们是啥样的公司啊，会议这么多？"

这样的习惯和"传统"华耐一直持续到今天。对此贾锋的回应是：

"开会既能沟通信息有利于协同，又能相互培训互助成长。它是解决问题的重要方法，更有利于形成统一的文化氛围。"从这个小小的细节里，就可以看到贾锋对于做大企业、做强团队的追求与坚持。

"精气神"很重要

在华耐的发展历史中，2009年是一个重要的节点。这一年，华耐的企业文化建设步入显性化阶段：以前是模糊、自觉、散乱，之后变得聚焦、系统、统一。

在贾锋看来，华耐的企业文化建设从很早之前就开始了。他在企业发展早期，就开始深入思考企业的经营理念，并逐步确定了"诚信、服务、合作、创新"的价值观。这并非一时冲动，也并非挂在墙上的时髦装饰，而是华耐多年来的行动指南，仅在2013年修订了一次，将八字文化精神改为"乐于奋斗、勇于担当、共赢分享、至诚合作、持续创新、成就客户"，但可以明显看出，八个字依然是华耐精神的主轴。

诚信已如前所述，在贾锋看来就是态度、承诺、契约。在哈尔滨销售区域（以下简称"销区"）总经理杨建军的记忆中，华耐令人印象深刻的是不但高激励，而且按时发工资，从公司成立以来就从未拖延过员工的工资。

为什么服务对华耐这样的企业很重要？在贾锋看来，原因有二：第一，家居建材行业卖的是装饰材料，后面的配送、安装等服务环节相当重要；第二，销售重要、一线重要，上级要服务下级、总部要服务一线。

在合作方面，1997年11月，华耐家居与刚推出马可波罗品牌一年的广东唯美陶瓷有限公司建立合作关系；1998年6月，与成立仅4年的广东乐华陶瓷洁具有限公司合作代理箭牌卫浴（后又代理其法恩莎卫浴）。三家企业几乎同时出发，开启了长达20多年的战略合作，它们相携相伴，又互相成就，三者不但造就了一段厂商间亲密合作的佳话，而且均成长为泛家居行业的领先企业。

至于创新，对于华耐这样的优秀者显然是毋庸置疑的，剩者为王，无论这个行业如何繁荣，大浪总在淘沙，华耐必须激流勇进方能不断壮大。有行业人士甚至直言，华耐这样的销售服务型企业甚至在相当长的时间内都在引领陶瓷卫浴行业的营销变革。至于在企业内部，这是一直盘旋在贾锋脑海中、不断探讨求证的课题，华耐一直没有停止过拥抱变化、创新发展的步伐。

不过，在华耐高管高雪峰看来，2009年正式提出"向红军学习"之前，早期的华耐企业文化建设并没有特别成形，更多时候是一些有组织的会餐、唱歌或其他娱乐活动。那时华耐各地销区和品牌部都组织员工们开展各种文化活动，不但内部进行，而且会和合作的厂家、装饰公司等一起联欢，包括拔河比赛、体育运动类活动等，用文化活动丰富大家的业余生活，让每一位员工都感觉这是一家有情感、有温度的企业。这也是企业情感迸发、精神展示、互相交融、构建认同的重要时刻。

贾锋一直认为，人的精气神很重要，企业更是如此。因此，企业经营要物质刺激和精神激励同步进行，他甚至将为员工们"打气"的能力视为一个管理干部的基本功，是衡量干部是否合格的重要因素之一。

高雪峰曾长期担任华耐北京销区总经理。他记得，2003年"非典"疫情暴发期间，整个社会都处于惶恐之中，许多地方的经济活动几乎处于半停滞状态。处在风暴中心的北京销区更是首当其冲——建材市场难寻一个顾客,销售部门更是萦绕着一团愁云惨雾。员工们人心惶惶,对于未来的发展充满焦虑。

此时的高雪峰陷入思考:如何给员工以积极面向未来的勇气?他临时决定,在 5 月 4 日这个非常特殊的日子,组织大家去天安门广场观看升旗仪式。当时他的内心只有一个想法,就是不能够这样意志消沉下去,需要做点什么让大家振作精神。

那时正是"非典"恐慌最严重的时期,员工们已经放假在家,不敢出门。对于这个时候能否将他们带到户外、会产生什么风险,高雪峰没有考虑太多。结果,这天早上四五点钟,北京华耐动用了 8 部面包车,把分散在北京各地的五六十名员工送到天安门广场。

平时,天安门广场升旗仪式现场人山人海,但那天,偌大的广场里只有华耐的这群员工。他们心潮澎湃地观看着庄严的升旗仪式,内心感受到强烈的冲击:是的,那些先辈为了寻找拯救中国的道路,抛头颅、洒热血,不怕困难、敢于牺牲,相比之下,"非典"带来的这点困难对于华耐算得了什么?

再举一个北京销区的例子:自 2002 年起,北京销区开始策划组织"青春歌会",进行内部的卡拉 OK 比赛,受到员工们的热烈欢迎,员工参与度很高,互动效果也十分明显。结果竟连续举办了七届(直到 2008 年),一届比一届热闹,后来上升为整个公司层面的企业文化项目,和每年的年会一并成为北京销区最为重要的两项年度活动。

与大多数中国企业一样,华耐在企业文化方面的探索属于"摸着石头过河",经历了模糊意识、团队建设到显性文化建设的进化过程,大致可以分为三个阶段。

第一阶段,1993 年成立到 1997 年。这是华耐的创业起步期,公司价值观刚刚确立，华耐的商号开始启用，第一届模拟股东大会召开。企业文化建设处于懵懂的阶段，初步确立起模糊的公司愿景（持久、全国）、使命（做耐用建材领域的中国领先企业）和价值观（诚信、服务、合作、创新）。

第二阶段，1998 年到 2008 年。这是华耐的奋斗期，也属于高速增长阶段。这一时期华耐不但开启了与上游制造厂家的长期战略合作、进行全国的营销网络布局并立足零售深耕区域市场，还积极进行了各项制度化建设，包括监察制度、勋章奖励制度等，并举办干部培训班、荣誉员工庆典、青春歌会等形式多样的内部团队建设活动。企业文化建设内容相当丰富，只是运作不太系统，目标不太清晰。

第三阶段，2009 年至今。这是华耐家居的"攀登期"——力图在规模、多元经营、管理、品牌、服务等方面不断精进，不断提升业绩、做大公司的同时，建立核心竞争力，做强企业。

这也是华耐企业文化进入显性化建设的阶段，呈现出强烈的目标感、计划性、系统专业的特点。

它分前后两个时期，2009 ~ 2012 年公司倡导向红军学习，2013 年起提出攀登精神。但前者更像是后者的过渡，因为红军精神更像是一种拿来主义的借鉴，截取其部分用作企业的一时之需，功能性诉求比较强；后者则具有鲜明的华耐个性，是一种自我核心价值观的凸显与延伸。

第三节 ▲ 向红军学习

| 人定亦胜天 |

那么，为什么2009年成为华耐历史发展的重要节点？在此之前发生了什么重大事件和重要变化？

这还得从2007年说起。彼时的中国一片乐观情绪。这一年，尽管"环保风暴"连续刮了3年，但中国GDP（国内生产总值）增长速度达11.4%（亚洲开发银行的统计为11.9%），为13年来新高。进入2008年，新版的《劳动合同法》颁布施行，虽然经历了南方雪灾和汶川大地震的灾难，但国人迅速调整了情绪，以精彩绝伦的北京奥运会向世界展示了中国的开放和对未来的信心。

2008年上半年，中国GDP增长达到了10.4%。

时年8月，一场由次级房屋信贷引发的危机在美国悄然浮现。在没有预料的情况下，全球性的"黑天鹅"事件竟然真的发生了。这场危机在一年后引发全球性"金融海啸"，并导致雷曼兄弟等多家公司的破产以及全球股市的大崩盘。

次贷危机进一步蔓延，9月，它正式演变成金融危机。全球化时代的弊端就是危机可以很快席卷全球。随着雷曼兄弟破产倒下、美林证券被美国银行收购、华盛顿互惠银行被政府接管……华尔街的5大投行倒了3家。其中，雷曼兄弟的破产彻底击垮了全球投资者的信心，包括中国在内的全球股市持续暴跌。欧洲的情况尤为严重，诸多知名金融机构频频告急，欧元兑美元汇率大幅下挫。

这场危机对中国的影响是：直接给购买美国次级债的几家国有银行（包括中投和平安）带来巨大损失，而更严重的是它在打击美国等西方国家消费信心的同时，对我国的出口造成相当大的影响。珠三角和长三角的中小企业效益普遍下滑，许多企业被迫倒闭，大批农民工返乡，经济面临硬着陆的风险。受此影响，2008年下半年经济增长明显回落，第四季度只有 6.8%。

彼时的华耐家居原本信心满满，开始从省会城市向地级城市布局，营销进入纵深突破阶段，发展势头迅猛，很多华耐人都获得了企业高速发展带来的红利。

2007年，华耐家居开始探索新的业务形态：3月16日，张家口橱卫体验馆开业，这是公司第一次建设以瓷砖、卫浴、橱柜、衣柜等综合类产品运营的体验馆，是公司在终端模式和运营层面的一次重大尝试。9月8日，6000平方米华耐立家体验馆＆马可波罗至尊店于北京正式开业，该体验馆以完整家居空间形式完美展现了多品类家居产品的应用搭配，开启了家居实景体验的行业竞争模式。

11月，在多年控制房地产无效、越调越涨的形势下，国家再度紧急刹车，下发《关于加强商业性房地产信贷管理的通知》。具体要求："对项目资本金（所有者权益）比例达不到35%或未取得土地使用权证书、建设用地规划许可证、建设工程规划许可证和施工许可证的项目，商业银行不得发放任何形式的贷款……对已利用贷款购买住房，又申请购买第二套（含）以上住房的，贷款首付款比例不得低于 40%，贷款利率不得低于中国人民银行公布的同期同档次基准利率的 1.1 倍。"此举效果非常显著，一直高烧不退的房价立刻跳水，北上广深这四大一线城市出现了大量的地产中介门店关门现象，房地产交易量价齐跌。

进入 2008 年，国家继续对房地产市场踩刹车。1～8 月，国家还在不断收紧相关政策，其带来的市场寒意在陶瓷卫浴行业蔓延，再加上，全球金融危机的加深对出口业造成重大打击，下半年，中国经济的两大驱动引擎——房地产投资和出口双双出现问题，加之环保风暴和新《劳动合同法》的实施形成的压力，使企业界开始叫苦连天。

其中，受房地产市场深度影响的家居建材行业，从业者一片惊慌。

宏观经济环境的剧烈变化让企业产生了畏惧的情绪，华耐当然无法置身事外。即便公司业绩数据还在保持良好增长，但媒体关于经济危机的各种报道、来自周边行业和企业的各种负面信息，开始在企业内部发酵，进而产生对于 2009 年经营业绩的担忧。很多人判断，随着经济大势的不明朗，华耐可能要进入一段较长时间的衰退期。

张海霞回忆："那个时候，贾总很担心员工受到外界负面情绪的影响，失去对未来发展的信心，一直提醒我们，在企业内部不要提任何消极的词语。"她对当时的一些细节记忆犹新："那时，温家宝总理在公开场合表达了'在经济困难面前，信心比黄金和货币更重要'[1]。我们培训的时候，本来想用这句话做一个标语横幅，贾总听说

---

[1]　语出自新华网 2008 年 9 月 30 日。——编者注

后坚决制止了。他的理由是,温家宝总理这句话很正确,但用在华耐却不一定合适,说得越多越说明我们没有信心。"

除了不让这种标语过多出现之外,他还不许企业内部过多地讨论金融危机,而是要求不断传递积极向上的信号,以免影响大家的工作心情。多年来,他的习惯是:莫问外界因素,多谈内心主张,客观的因素无法改变,只有改变自己不断适应外界变化,企业才能不断向前发展。

在金融危机的形势下,市场风声鹤唳,一些上游厂家主动停工压缩产能,终端企业降薪、停薪、提前放假,甚至有的开始大规模裁员,华耐则在 2008 年公司年会上郑重提出了"三不"政策,即公司不裁员、员工不降薪、股东三年不分红,并喊出了"携手并肩,共克时艰"的口号,向员工传达了不抛弃、不放弃的坚定信心,极大地振奋了团队的士气,令人刮目相看。

贾锋相信:"天定胜人,人定亦胜天。"(《东周列国志》第二回)天是客观的,是自然规律;人则是变量,是最富变化的可控力量。这里的"定"既代表一种定见,又可以是主观积极。仅仅因为外部原因,企业发展放缓或业绩下滑,是他无法接受的。他觉得这时的华耐一定要做点什么,提振员工士气。

贾锋多次询问身边的员工、朋友,当下什么培训比较适合,能磨砺员工的精神意志。有人向他推荐当时正火的"向解放军学习"。2007 年,《向解放军学习》出版后,一纸风行,销量达百万册,同时在社会上掀起了一股学习的热潮。

经人介绍,他们找到了军人出身的张朝阳老师。在聊天的过程中,贾锋提出令老师措手不及的建议:"我觉得'向红军学习'比较好。你看红军那个阶段,发生了中国历史上众多经典的战事。

而现阶段我们正面临全球金融危机，和当年红军面临的处境相似。"他说，红军的经历证明了：一个团队具有强大的精神信仰，才能够取得革命的胜利。华耐要做的就是打造最有理想、最具凝聚力的优秀团队。

张朝阳老师曾就职于美的、科龙两大著名家电公司，与贾锋是初次见面。他相当惊诧，这个企业家太有性格了，在一番交流之后，竟然提议他这位向解放军学习的专家，转向去研究红军！后来他显然被说服了："那个春节我就没有那么轻松了，开始阅读红军的各种历史资料，开始深度研究红军精神的历程。"

在接下来的三年时间里，张朝阳成为华耐的顾问，每年都要给华耐员工讲向红军学习的课程。

│ 入"戏"颇深 │

2009 年 1 月 19 日，春节假期刚刚结束，华耐举行"第一届高级将领研修班"，首次提出了"高级将领"的概念。在会议上，贾锋正式发出"向红军学习"的号召，拉开了全公司大规模"向红军学习"、传承红军精神的序幕。

2 月 6～9 日，公司在北京总参招待所举办了"向红军学习——激流奋进，勇闯雄关"营销精英特训营。这是公司第一次引入"营销特训营"的培训方式，408 位中高级管理人员参训。大家身着红军服装，以军事化的管理模式进行早操、点名、起居、开会，让人倍觉新鲜，再加上新颖多样的培训方式、竞赛化的学习氛围，华耐将全年工作的启动与特训营有机结合起来，极大地调动了大家的积极性。

其中，最重要的安排就是进行"向红军学习"的培训。在此次会议上，除张朝阳进行"向红军学习"主题讲授之外，华耐还邀请军事学博士张元伟和管理培训师薛灿宏讲授了"像军人一样完成任务"的课程。此外，他们还组织观看红军题材经典影片……

高雪峰至今仍然在办公室保存着他穿过的那套红军服装。因为那段时间上下齐心，学习活动如火如荼，事业发展蒸蒸日上，真是一段激情燃烧的光辉岁月。

"因为依托的是近代耳熟能详的历史，因此'向红军学习'充满了仪式感、场景感和代入感，给大家留下了深刻的印象，激发了公司员工的艰苦奋斗、迎难而上、强调执行的精神和作风。再加上这三年是公司高速发展的时期，公司业绩增长势头迅猛，因此，红军文化给大家留下了深刻的记忆。"

据时任行政人力部总监陈海介绍，特训营带来的效果立竿见影："大家听了红军的故事，深受震撼。想想他们当年那么难都挺过来了，赢得了最终的胜利，我们眼前的困难根本不算什么。因此，大家在签署当年任务目标的时候，像接受军令状一样，再也不提什么条件，直接喊'保证完成任务'。"

在理念层面，经过集体头脑风暴，华耐结合自身实际，将"红军精神"浓缩为"红军五条"：第一，学习红军信仰坚定的革命意志；第二，学习红军不怕苦不怕累的革命精神；第三，学习红军勇于拼搏的革命作风；第四，学习红军乐于奉献的革命传统；第五，学习红军绝对服从与执行的革命纪律。

从这次会议起，一场以学习红军精神为主轴的企业文化建设运动轰轰烈烈地展开了。

红军的故事随着中国电视剧的反复拍摄和播映早已深入人心，

因此，华耐向红军学习的课程拥有了丰富生动的素材；同时，华耐显然入"戏"颇深，在组织机构、管理实践、员工培训、文化建设、绩效挂钩等各个维度进行了强有力的贯彻与实践。

组织机构。华耐借鉴红军的军事组织结构，对原有企业部门进行了重新命名，从意识上彻底融入红军体系：原来的各个销区命名为战区，各个事业部也以军的建制相称，形成了从第一军到第八军的8个"军"的组织建构。

管理实践。每年年中的经营工作会议都被安排在红色革命圣地召开，组织公司"高级将领"们参观革命遗址，聆听革命故事，实地体验革命历程中的重大历史场景，缅怀先烈事迹，举行团队拓展。2009年7月华耐走进陕西延安，2010年7月走进河北西柏坡，2011年7月走进江西井冈山。每一站都主题明确，特色鲜明。

员工培训。华耐利用新员工入职培训、年中经营会议、营销特训营等各种时机，不断组织关于红军精神的相关学习培训。这样一来，"红军五条"的精神内核在华耐家居体系中得到反复学习和全面贯彻。

文化建设。在公司统一要求下，各个分公司表彰集团优秀员工等福利和团建活动都被统一安排到了红色革命圣地举行。通过展开红色之旅、重走革命景点、体验红色文化，广大员工亲身感受到红军精神。自2009年起，华耐的优秀员工们先后到达江西瑞金、井冈山，陕西延安等地，参观息烽集中营、遵义会址、四渡赤水纪念碑等革命遗址。

绩效挂钩。公司的各种营销活动，如新店开张庆典活动、重大节日的营销活动，都会邀请革命前辈参加。这不仅仅是让华耐员工知道红军精神，还让更多的消费者真真切切地感知到，收到了良好的效果。

各个销区根据实际情况，将学习红军精神的成果应用到日常营销活动中。营销活动也被冠以红军革命历程上的重大战役之名，比如"血战湘江""四渡赤水""飞夺泸定桥"等。这些活动被做成标语横幅，广泛应用。

谁也没有想到，形势竟然转变得那么快。

时间追溯到 2008 年下半年，当时正是全球金融危机的爆发时期，很多人感叹："这场（金融）危机来势之猛、扩散之快、影响之深，百年罕见。"建材陶瓷业还在感叹经历的抛物线式的发展轨迹，中国政府已经密集推出一系列坚决有力的政策：实施宽松的货币政策；从限制房地产到放开支持；实施宽松的财政政策；推出四万亿投资计划；以出口退税和人民币升值促进对外贸易；减少企业负担，调整《劳动法》……

在这后来简称为"四万亿计划"的多项措施中，近乎一半涉及基础设施建设，特别是对于建材等的需求十分刚性，诸如保障性安居工程，农村基础设施建设，铁路、公路、机场等基础设施建设，地震灾区震后重建工作……

其中，对华耐影响最大的当属房地产政策的放开。尽管全国经济在 2009 年第二季度才开始企稳，但自 2009 年 1 月起，全国房地产一片涨声，市场开始急转直上，异常火爆。这一年，各地土地转让的价格纪录不断被打破。这样的形势对于家居建材流通企业华耐来说，无疑是一种极大的利好，无论是终端零售业务，还是大客户业务，都迎来了新的发展机遇，带动陶瓷卫浴等建材家居产品的销售。

随着市场的展开，各地捷报不断传来，许多人发现 1 月咬牙制定的目标竟然低了。摆在贾锋面前的不再是市场信心危机的问题，而是信心可能爆棚的新问题。

据中国陶瓷网报道，进入 2009 年 3 月行业促销季，市场正快速回暖，华耐推出了力度很大的促销活动，当年 3 月份的销售同比增长达到了 40% 以上。

很多华耐人在总结 2008 年金融危机带来的影响时，缺了一种特殊的感觉，因为，它并未对华耐的发展造成什么影响。经过这次危机，华耐的发展速度反而变得更快了。对此，很多人往往看到国家的宏观刺激，但有心者则指出，机会只留给有准备的企业，正是因为华耐在危机来袭的时候做了充足的准备，包括资源储备、人才储备、精神力量激活等，才能够把握住又一波的发展机遇。

7 月，华耐将公司年中经营工作会议的地点选在了延安，意在效仿延安整风运动，让整个华耐体系员工能够发挥艰苦奋斗的作风，戒掉奢靡消费之风，将更多的精力聚焦到公司业绩的长远发展上来。尽管董事会的会议重申了"三不"政策，但事实上，大家都明白，随着市场的旺销，尽管不分红，但公司会将应分的红利转换成相应的权益。

难能可贵的是，大家都知道，在华耐家居，一旦年初制定了业绩目标和分红政策，公司绝对一诺千金，哪怕是公司制定的目标过低，也不会中途调整。因此，2009 年发生的状况是，这一年，华耐几乎各个层面的员工都享受到了相应权益。

在分红方面，贾锋向来不皱眉头，反而非常开心。在他看来，一方面，大家赚到了钱说明公司也赚了钱；另一方面，赚钱是公司发展的硬道理，但却不是唯一的道理。他心心念念的是，如何让华耐团队保持艰苦奋斗的创业精神，拥有积极向上的精神力量。

2010 年年中，华耐业务继续突飞猛进，广大干部员工个人财富

迅速增长。面对由此伴生的一些奢靡消费之风，华耐将半年度经营
工作会议放在了河北西柏坡，让高管们实地体验"西柏坡精神"：在
中国革命即将迎来重大历史转折的关头，中国共产党即将夺得全国
政权之际，西柏坡会议体现了"敢于斗争、敢于胜利的彻底革命精
神"，以及"头脑清醒、目光远大的胜利者图强自律的精神"。华耐
人在此隆重学习了当初的两个"务必"——务必使同志们继续地保
持谦虚、谨慎、不骄、不躁的作风，务必使同志们继续地保持艰苦
奋斗的作风，以求回到初心，重申创业精神。

2011 年 7 月，华耐营销将士们来到了中国第一个农村革命根据
地——井冈山。这里也是"星星之火，可以燎原"精神的发源地，
更是红军文化的摇篮。彼时的华耐已经经历了 2009 ~ 2010 年两年
的高速发展，面临家居建材行业新的发展机遇和挑战，需要继续强
化拼搏的斗志。贾锋将高管们聚集在"星星之火"的源点，重新思
考下一个阶段的发展，如何将华耐遍布全国网络的"星星之火""燎
原"全中国。

华耐是山

自 2009 年年初开始的两年多，张朝阳老师的红军课在华耐备受
欢迎。他坦言，在此过程中自己也学到不少。随着与贾锋和华耐员
工接触的增多、了解的深入，他感受到华耐这家企业本身有一种独
特、坚硬的特质，尤其他对当初贾锋的"不裁员、不减薪、不分红"
的举措深深敬服，因为这体现了一个企业家对员工和公司的担当。

张朝阳深知，像贾锋这样从张家口大山里走出的农家孩子经历
了怎样的磨炼，更深知像他这样的中专生打拼的不易，贾锋和他率

领的华耐稳定、坚强、挺拔、向上，相比南方企业的灵动、易变、像水一样柔韧，华耐有一种北方典型的山文化特征。

在授课中，他讲述了大家敬仰熟知的革命英雄们改变中华民族命运的历程，跌宕起伏、惊心动魄的革命征程让华耐领导们深深明白：历史长河中无数次的大浪淘沙，留下的都是真正具有钢铁般意志和体魄的人。灾难磨砺精神，苦痛铸就坚韧，成功并不难，只要有一种精神，只要认准目标，锲而不舍，华耐人同样也可创造辉煌，实现基业长青的目标。最后，他花了相当一段时间谈《华耐是山》：华耐从一个小县城一路走到北京，走向全中国，华耐骨子里有一种特别坚硬、特别向上的力量。它像一座大山一样，激励人们不断向更高的目标攀登。

这时的他已经不单单是倡导一种学习方式，而是力图提升华耐的文化，提炼出一种独特的华耐精神。

井冈山黄洋界有一条"朱毛小道"，因当年红军会师井冈山时期，朱德、毛泽东时常通过这条崎岖蜿蜒的山间小道，从山下宁冈挑着各种粮食补给上井冈山而得名。中学课本中《朱德的扁担》一文讲述了这个故事。学习之余，贾锋和103名总经理一起，身着军装、举着大旗，分成两队，循着黄洋界"朱毛小道"，开始了一次登山体验和团队拓展训练。

如今的"朱毛小道"依旧是羊肠小道，崎岖不平。3.1公里的"朱毛小道"看似距离不长，但对这些平素几乎很少运动的"高级将领"来说，也是不小的考验。8月的山中，天气说变就变，行进途中竟然一阵大雨倾盆而下，瞬间把所有队员浇成"落汤鸡"。

经过3个多小时的行军，100多人的两支队伍终于抵达黄洋界保卫战纪念碑广场胜利"会师"。广场背后的纪念碑背面刻着"星星之火，可以燎原"八个大字。1927年，秋收起义后，毛泽东建立了井冈山革命根据地。次年，朱德、陈毅率领南昌起义后的部分队伍来到这里，这就是历史上著名的"井冈山会师"。两年后，毛泽东在这里写下著名的文章《星星之火，可以燎原》。

这种场景带来的冲击相当强烈，想想当年中国共产党人就是在这样的艰苦环境下顽强生长，最终解放了全中国，一股豪气在每位干部心中油然而生。

在"会师"现场，贾锋在讲话中直接提出了企业面临的现实问题，强调华耐没有理由止步不前。他指出："过去的红军背着几十斤的负重在比这更艰苦的山间小道奔跑、战斗，我们的队伍遇到一场急雨就狼狈不堪。看来，登山也不是那么容易的一件事情。如果有人觉得自己很牛了，也找个时间去登登山，看看是不是真的牛！"

华耐家居当时已经是家居建材领域的佼佼者，一些同事因此产生了骄傲情绪，有人甚至得意扬扬。显然，贾锋意有所指，借此委婉地"敲打"某些干部。

在讲话中，他对张朝阳"华耐是山"的提法表示认可，并进一步指出，华耐这座山需要每一位成员不断攀爬，才能够与企业共同进步成长。尽管当前企业高速发展，但团队不能骄傲自满、原地踏步，而要不断突破和超越自我；也不能因此畏首畏尾，停滞不前，而是要从一个胜利走向更大的胜利；不要只满足于短期的业绩数字，而要持续成长，向着更高的目标迈进。

回来途中，贾锋意犹未尽，觉得爬山是一种很好的改善自我认知、实现自我超越的活动。他指示行政人力部，以后要创造条件让更多的员工体验，感受登山的力量。他特别指出，以后的特训营中可以安排一个固定的登山环节。这就是2012年年初攀登灵山的直接原因。

在井冈山会师纪念广场，华耐高管们完成了一个颇富象征意义的仪式——革命火种取火活动。会议结束后，取得的"革命火种"被一路护送，抵达华耐起家的张家口，在张家口华耐商业学校保存，燃烧到今天。也就是从这一年开始，在该校参加培训的新员工，学习过程中都会安排一次火种传递的活动。源自井冈山的星星之火在每一个学员手中进行传递，成为新员工入职培训的一种仪式、一种企业文化传统。

不过，善于反思一直是华耐的优秀品质和能力。这一方面可以归结为贾锋善于聆听、研讨与求证，也愿意为此花很多时间；另一方面可以说明华耐的民主风气还是很明显的，每个人都可以充分地表达自己的意见。

在这次会议期间，贾锋开始引发大家对红军精神的思考与讨论。大家肯定这种在革命年代所表现出来的精神是有价值的、弥足珍贵的，而且，经过近三年的导入，其对强化执行力的贡献有目共睹，对员工精神士气的拉升不容置疑。

也有人提出不同意见：第一，这种精神毕竟是红军的，不是华耐的，华耐只是从中汲取力量；第二，很多新员工对此有隔膜感，而且一味强调吃苦耐劳、服从执行，他们的接受度不高。

在井冈山的"朱毛小道"上，贾锋也在思考红军精神的内核，如果能够将其再做一些通用性的提炼，就是不断向前、不断向上的精神，其核心本质也就是一种人类挑战大自然和人类极限，或者说和大自然相处的精神。

很多人回忆，这次会议可以说是攀登精神的萌芽时刻。在爬山过程中，贾锋发现，这一运动有利于促进意识上的"自我认知，自我突破，自我超越"。经营一个企业与攀登一座高山有着极其相似的内在逻辑。

在北京张家口商会，贾庆贺与担任会长的贾锋有着多年的共事经历。在他看来，贾锋在企业中不断构建企业文化，在很多人看来或者是"不务正业"，这恰好是贾锋对于"自我认知，自我突破，自我超越"目标的坚信和执着。他率领的华耐家居，20多年来不曾停止求索认知、自我突破和自我超越的脚步，因此贾锋本人就是践行攀登精神的典型代表。

是的，从张家口小县城成长起来的华耐，从几个人到今天的规模，背后无疑是一次次自我突破、自我超越的攀登。时光移至2011年，企业继续高速增长，规模也在不断壮大，很多人考虑的可能是小家之利、一域之功，贾锋内心却从未停止向前、向上的追求，为此他需要做的还有更多，摆在他面前的是一座又一座更加巍峨的山峰。

第四节 ▲ 总裁上山

| "三个坚持"背后 |

如今，在谈到华耐 2009 ～ 2012 年高速增长的秘诀时，不止一位"高级将领"明确地给出一个关键词：机制。的确，这也是自 2003 年以来华耐进行市场深耕、经营网络裂变的重要法宝。

这一点，在 2011 年举行的井冈山年中经营工作会议上得到了再度确认。为了让业绩不错的华耐团队快速走出舒适区，继续向更高的目标攀登，贾锋宣布了一整套的解决方案，即著名的"三个坚持"：坚持模拟股权激励机制，坚持干部能上能下，坚持依法治企。

这个时候，贾锋积极倡导模拟股权激励机制，甚至他的内心燃烧着一个梦想：在华耐探索一种新型集体主义经济，按他的话说就是"一股到底"。在贾锋看来，在中国，任何高明的 KPI（关键绩效指标）考核指标都没有企业股权那么牵动人心和让人们梦寐以求，而过去十多年，华耐实施的模拟股权制度面向的是部分员工，重点放在能开疆拓土的营销人员身上。

2013 年，贾锋在接受《中外管理》杂志访问时提及，这几年明显感觉到企业出现一个要命的现象——基层员工的流失率比较高。

他考虑用分配机制的方式来解决这个问题。

《中外管理》的采访文章中提及："华耐之所以将分配机制更上一层楼，源于对自身 20 年发展的反思。"一份内部资料这样写道："我们在过去的经营过程中，只看重个人的业务能力和业绩表现，把业绩作为衡量人才的唯一标准，忽视了个人的综合管理能力和持续成长的能力，推崇个人英雄主义，忽略了团队的贡献和价值，更长期忽略了后台服务支持体系的价值和贡献。"这的确是事实。比如，2011 年年初，公司对大客户业务体系员工提成模式进行了创新，员工只要达到规定的业绩，由公司与员工进行利润分成。

一位员工对媒体说："华耐员工的收入较同行相比高出不少。"很多华耐人结婚生子、买房买车，即便是身处北京这样高房价的一线城市。华耐大兴居然之家马可波罗专卖店经理郝明明毕业于华耐商业学校，初到北京的时候一度住在合租来的地下室，后来她在华耐家居体系，从基层导购做起，一步步做到大店店长的位置，现在在北京拥有自己的房子和家庭，每每想来就觉得激动和不可思议。

当然，激发广大员工的积极性一直是贾锋心中系念。自 2009年，华耐推出荣誉员工激励制度，凡在华耐工作 10 年的老员工将获得相应的激励与表彰，公司给予员工父母 5000 元的"荣誉员工双亲慰问金"，直接打到老人卡上。后来发展到每年举行荣誉员工庆典仪式。

从 2013 年起，华耐在激励机制方面的探索引起社会的关注。11月 2 日，第 22 届中外管理官产学恳谈会暨第九届"管理中国"总评选在北京隆重开幕，经 10 位国内顶尖商学院院长及专家的严格细致评定，华耐家居荣获"2013 年度中国企业管理特殊贡献奖"。这一案例还入选了北大案例中心，成为推荐案例。

不过，在副总裁李琦看来，华耐分配制度的实践不能单纯拿来复制，因为它具有相当的独特性："第一，整个公司具有分享心态，这是从骨子里延续出来的。第二，整个业务的管理模式与这种"股权"文化相配套，业务单元透明开放。第三，公司形成的整体诚信价值观，让员工对公司有信任感，而定期收益、清晰的数字也都是信任的必备条件。"他认为："好多东西不是学来的，而是经过20多年的修炼得来的。"

的确，创业者固然艰难，但如果没有分享机会与财富的理念，华耐的分配制度不可能一步步走到现在；如果没有诚信地落实和切实带来的收益，分配制度也不可能在广大华耐员工心中深深扎根。

贾锋的作为远超出一个商人的范畴。"他更多关注的是企业员工和社会的发展，而且为社会做了许多实实在在的事情。"一位基层员工这样形容贾锋。多年来，华耐发展的点点滴滴都在印证贾锋的为人，每天只休息四五个小时，除了工作还是工作。媒体描述："很多年前，贾锋倡导并成立了员工互助基金，员工本人和家人患重大疾病或遇到其他解决不了的困难时，企业可以第一时间伸出援手。截至2019年，贾锋自己捐助的贫困大学生就有528名。2012年4月8日，在贾锋的倡议下，贾锋个人出资发起成立了河北华耐同心公益基金会，定向对革命前辈、贫困学生、见义勇为者及其他社会弱势群体进行捐赠。"（《中外管理》）

许多人认为公益就是爱心，但贾锋考虑的却是"和谐"。他认为"企业内部不能制造差别，更不能过多地拉大差别"，否则就会出现劳资对立，内部和谐就无从谈起。

尽管华耐列出专项计划，给予工作十年的员工奖励和表彰，他们却鲜明地反对"年功序列制"（日本企业实行的一种传统工资制度，基本工资随员工本人的年龄和企业工龄的增长而每年增加）。一句话，他们认为企业还是讲效率和公平的地方。

除了分享、诚信、公平这些基本思想，贾锋在管理企业中更为人称道的则是透明，这背后是其一直致力于推动的规范化、制度化、公开化的现代企业管理实践。

1995 年进入华耐的李枝娥清晰地记得贾锋跟她讲经营权与所有权分离的思想，以及 1997 年 12 月令人难忘的华耐第一届股东大会——竟然连续开了近 40 个小时。这还不是最恐怖的，李琦记得的是 2003 年 5 月的董事会整整开了 15 天！当时的他担任总裁助理，是董事会成员，担任会议的笔录工作，15 天的会议记录足有一尺厚。这些经历，一方面反映了当时在企业治理上广泛讨论并形成决定的艰难，另一方面也是华耐在早期管理实践及不同发展阶段面临问题的积极探索。

华耐有个习惯：凡事必须集体讨论通过。这是贾锋公开化管理企业的信条。曾经，他回顾创业 20 年时说："我在企业里扮演的角色就是努力建立一个相对更好的企业发展制度和平台。"他认为，企业的创新不能靠一个人、一小部分人，而要靠系统持续的创新，要从制度上保障。这才是华耐的未来。

在创业第三年，贾锋就坚决劝退了自己与哥哥的家人，实行去家属化的自我革命。他说："劝退家属确实难以开口，但企业管理模式不改变，企业就难以做人、做强、做久。"（《中外管理》杂志，《华耐的管理故事与哲理》，经济日报出版社，2013 年 10 月）

华耐最不能容忍的是灰色交易和暗箱操作，一经发现绝不姑息。内部一直流传着某能干的员工因冒领 14 元钱被辞退的故事。同时，在制度建设上，华耐一直摸索监察制度，1997 年设立监察人员，

1999 年成立监察部，严厉打击商业贿赂等不法行为，先后制定《股东四戒》《员工十戒》，2011 年制定出《集团管理干部自律条例》。公司在醒目的办公区域都设立了各种举报的方式——甚至可以直接给总裁打电话，方便各级人员投诉。制定这一系列制度的目的只有一个：弘扬企业的正气，将对名利的追求引导到正确的方向上来。

许多干部员工反映：第一，在华耐只要做好自己的工作，就可以得到奖励与表彰，领导都是主动为其申请；第二，华耐实施轮岗制度，只要表现优异就可以得到提拔，到其他部门和岗位任职；第三，上至总裁下至基层管理人员，都没有丝毫官僚习气，思考的就是如何把事情做好，上级思考如何服务下级，总部思考如何更好地服务市场。

贾锋心心念念的是，通过这个企业实现他的社会理想。在一次接受媒体采访中，他甚至指出，中国现在还存在一定的个人主义，缺乏尊重和互助。而激发广大员工积极性、主动性和创造性的根本是企业从根源上尊重个人利益。

行业变局

尽管事后看起来，拜房地产高速发展所赐，华耐的发展一直顺风顺水，但亲历其中，会发现成功运营一个建材家居企业并不轻松，要面临各种各样的挑战。自 2010 年以来，国家迅速再度对房地产实施调控政策，1 月推出"国十一条"收回对房地产信贷、税收的支持，4 月推出"国十条"正式进入新一轮调控。到 2011 年，在"调结构、稳物价"的大背景下，"限购""限价""限贷"等政策全面升级，限购城市从 2010 年的不足 20 个大幅增加到 40 多个。7 月初，国务院常务会议明确"二、三线城市也要限购"。步入 2012 年，国家房产调控政策坚持不动摇……

家居建材产业是与房地产市场联系最为紧密的行业之一。2011 年，受高压房地产调控政策的影响，家居建材行业的终端市场也被殃及。2012 年，不少业内人士甚至惊呼流通行业正步入"严寒期"。

当时，中国建材市场协会一位官员撰文分析，自 2011 年起，对房地产具有极强依赖性的建材家居行业进入了历史性的转折期，即从多年来的高歌猛进走入下行区，转入满足刚性需求和改善性需求的常态化发展阶段。

总体而言，2012 年，建材行业面临需求增长趋缓、产能过剩加剧、环境约束增强等挑战，"去库存化""去产能化"的任务繁重。工信部数据显示，2012 年建材工业增加值同比增长 11.5%，增速回落 8 个百分点，其中陶瓷砖 92 亿平方米，同比增长 9.4%，卫生陶瓷产量 1.6 亿件，同比下降 13.1%。规模工业企业并未受到影响，基本保持平稳增长。其中，水泥制品、轻质建筑材料、建筑陶瓷等行业利润总额同比分别增长 22.5%、21.8%、33.8%，市场的优势正向规模企业集中。一份中国家居建材流通行业市场分析与发展战略研究报告显示："2012 年全国规模以上建材家居卖场销售总额为 1.25 万亿元，同比下降 2.46%。在这种大环境下，家居建材流通行业竞争日趋激烈。"

2011 ~ 2012 年，华耐家居基本确立了在家居建材流通业的头部地位，成为国内领先的家居服务及建材营销集团，业务范围涉及家居建材流通、家居建材总部基地开发和经营等多个领域。

彼时，全国约有 40 万家建材家居经销商和店铺，从事建材流通的就业人员约为 200 万人，全国规模以上建材生产企业超过

38700 家，发展陷入低谷。经销商面临不断上涨的租金及高昂的运营费用，部分商户入不敷出、不堪重负，只得撤场或关门，那两年全国各地商户撤店潮此起彼伏。

20世纪90年代，建材家居的经销商主要聚焦在各地的建材连锁批发市场。2000年前后，中国加入WTO（世界贸易组织）的效应显现，国际连锁超市巨头纷纷进军中国。继1999年英国百安居进入之后，2000年德国欧倍德在无锡开出第一家店。这些巨头带来"一站驻足，绿色环保"的理念和功能齐全的购物环境，与之前本土的地摊式建材市场形成鲜明对比，一路攻城略地，引发业界震撼。2004年，法国乐华梅兰在北京开出第一家店。2006年年底，全球最大的家居建材连锁超市家得宝收购家世界家居建材超市的12家店整改后露面。

这些巨头来势汹汹，不但店大、环境好，还带来了全新的经营理念和管理方式。2004年，欧倍德中国营收同比增长23.9%，规模仅次于百安居；与此同时，百安居开始大张旗鼓地扩张，2004年年底收购普尔斯马特5家分店，2005年竟然将欧倍德中国旗下的12个店兼并，并计划于2010年开出100家百安居！2008年以后，这些跨国巨头带来的建材超市业态经营纷纷陷入低迷，2009年以后，家得宝的店面陆续关闭，2012年彻底退出中国市场。四家踌躇满志进入中国市场的建材超市仅剩一个乐华梅兰，至今苦守着它位于北京西南四环的唯一一家大型门店。

许多人分析，这些跨国巨头带来的业态太过超常，遭遇了水土不服，但不可否认的是，它们深度影响了中国建材的流通业。几乎同步，好美家、东方家园等建材超市企业纷纷崛起，群雄逐鹿之下，许多本土企业也未能坚持太久，2011年好美家败走北京，2012年

9～12月，曾一度位列中国连锁企业百强前茅的东方家园陆续关闭全国门店，令人扼腕……

如果大型建材超市业态代表了流通业变局的一波浪潮的话，那么，以红星·美凯龙、居然之家为代表的家居卖场的迅速崛起则将建材渠道的变革推向又一个波峰。2005年，红星·美凯龙开始发力，在借鉴跨国巨头开店经验的基础上，把中国传统商铺和西方Shopping Mall（购物中心）模式相结合，推出情景化的布展，体验式购物的家居Mall；由于其聚焦于卖场的建设、招租和管理，甩掉了建材超市的重运营，因此在资本的助力下一路高歌开店。2012年，红星·美凯龙第100座家居Mall在天津开业，实现了百安居中国未能实现的誓言。而居然之家几乎同步发展，2005年走出北京，2014年实现第100家卖场开业。

建材超市、卖场连锁两大业态构成了21世纪前十年建材渠道变革的主旋律。

与此同时，以东易日盛和业之峰为代表的装饰公司也在快速崛起，定制家居行业开始闪耀家居建材业。一方面，红星·美凯龙和居然之家加快扩张速度，成为各个厂商绕不过去的巍然存在；另一方面，一场更大的行业变局正急剧铺展开来……

2012年11月11日，启动仅4年的淘宝天猫"双11"电商节的业绩令人瞠目结舌，天猫与淘宝一天的总销售额达到191亿元，比2011年增长了3.7倍！这一年的年初淘宝商城才改名为天猫商城，"双11"当天销售132亿元，这样的数字足以让人眼热心跳。人们惊呼，品牌电商的时代来了！

这一年，天猫"双11"专门设立了家具建材分会场，参与品牌包括奥朵灯具、九牧厨卫、TATA木门、全友家居、顾家家居、芝华仕、迪士尼（酷漫居）、贝尔地板、圣象地板、曲美家具、诺亚易家等知名企业，当天成交额达12亿元。电商似乎成为行业渠道破局的一根救命稻草。有人甚至认为，一个时代的风口正在来临。不信，你看传统的电器连锁大佬苏宁电器宣布全面转型苏宁易购，小米也成立了小米家居，一些互联网的家装、销售平台如美乐乐、齐家网等已纷纷涌现……

此时的华耐也在全力进击，提高销量、提升市场份额。在营销战略上他们在内部建立"刷新纪录奖"，鼓励全员营销，重奖打破华耐各项营销竞赛纪录和管理纪录的个人和团队。一方面，华耐当然希望再接再厉，将规模继续做大；另一方面，他们也开始陷入深深的思考，摆在眼前的路径有很多条：电商与O2O（线上到线下）、强化服务、进军大家居、超级体验店、打造独立品牌……未来的华耐究竟要向何处攀登？

｜冲上雪山｜

2013年2月1日，华耐200多位高管参加了在北京举办的"华耐家居高级将领研讨会"，会上提出"创新拓优势，开疆斧新局"的口号。贾锋认为，想要在宏观调控下逆势崛起，华耐人首先要做的就是苦练内功，登山是对人的体力和毅力的双重考验，倡导这种精神，是对员工心智的磨炼，借此实现华耐员工在工作时保持良好心态、耐力和激情。

在此之前的1月24日，华耐登山队正式成立。华耐在全集团范围内公开招募的20位员工组成的登山队首批成员公开亮相。他们几乎都没有太多的登山经验，甚至还没有搞懂一些装备怎么使用，就要成为"攀登精神"的代表和有力的践行者。

仪式结束后，他们立即动身前往云南丽江，踏上挑战哈巴雪山的征途。这里既有领队庞建国，又有登山队员马建国、张斯斯、李少辉、李兵林、吴秀峰、高红军、张波、杨再勇、陈晓等。

同样是冬季，这次的目标——哈巴雪山海拔 5396 米，是北京灵山的两倍以上。据说，4700 米以上终年积雪，山顶上保存着发育完好的现代冰川。而且每年的 1 ~ 2 月风力较大，经常达 8 级以上。

灵山攀登带给了华耐教训——攀登活动可以继续下去，但有两个重要前提：第一，人数不能太多，因此成立了登山队；第二，找专业的人员进行指导和保障，这次他们找到贾庆贺担任总教练。但纵是如此，攀登雪山仍然是普通人望而生畏的危险运动，这批临时拼凑起来的队员不能贸然去冒险，尽管提前与每个人说明个人要签署责任书，但万一发生危险可能酿成重大事故。

贾锋再三嘱咐，登顶不是第一目标，安全才是，在危险地带队员一定要量力而行。登山队经过 1 月 25 日一整天密集的登山技能技术训练之后，次日，包括教练、领队在内的 22 名成员启程了。

他们在当地没有停留，直接向雪山进发。尽管贾庆贺一再讲解高原上攀登的知识，强调攀登节奏的重要性，以及保持心情的平和，然而，很多人仍然将之当作一次惊喜的旅行，一路上急行、聊天。结果，从山脚下前往大本营营地的路上，几乎所有的队员都发生了高原反应。这一次，有 4 人根本没有力气迈开步伐，不得不停止前进，安排下撤。剩下的一部分人抵达大本营，发现环境状况更糟糕，大风呼啸不断，准备的餐食瞬间变得冰冷，严重的高原反应令他们几乎无法入睡。

"我们躺在睡袋里都感觉是一种煎熬，完全体会不到这是在睡觉，也根本睡不着。"队员高红军回忆道，"在我们上来的路上，遇上下山的武汉大学登山队成员，他们谈及几个月前一支登山队曾经在这里摔伤。这样的信息对我们的心理造成了一定的影响。"

28日凌晨，登山队再次向山顶进发。上午10点钟的时候，他们到达4900米处的雪线位置，再度减员8人。他们将剩下的10人重新分成两支队伍，高红军被分配到了二队担任领队，一队领队则由一位当地向导担任。

11点左右，最后的登顶冲刺开始了。二队率先来到了冰壁位置，开始结组而行，首尾都是有经验的专业人士。十多分钟后，高红军发现结组的时候忘记携带登山队的队旗，安排向导返回去取。此时二队队员已经在冰壁之上，靠绳索相连、冰爪插入冰面支撑，实在坚持不了多久。高红军判断，在如此的危险位置，继续等待下去，危险指数会进一步提升。他毅然决定叫停攀登行动，劝导队员以安全为重，集体下撤到大本营，将登顶的任务交给马建国率领的一队完成。

后来一队的4名队员马建国、张斯斯、李少辉、李兵林果然不负众望，代表成立仅4天的华耐登山队一举成功登顶哈巴雪山。

消息传来，华耐上下十分振奋。30日，登山队队员集体回到北京，出席于2月1日举行的华耐家居"高级将领研讨会"。首次亮相即大获成功，登上比灵山更险峻的雪山，登山队队员现场的汇报总结和分享，给出席会议的200多位"高级将领"很大的鼓舞。

年会现场，董事长贾锋直接提名，4名登顶哈巴雪山的员工获得当年"华耐登山勇士"的荣誉称号。

成功登顶者固然获得荣耀，一时失利者对攀登精神的理解也更进一层。高红军代表二队也做了发言，他向一队表示祝贺，对二队未能登顶的原因做了检讨。但他表示："在当时的情况下，二队做出的选择是正确的。"他认为，能够登顶固然体现了一种执着精神，完成了最后的目标。行动有了结果当然很好，然而，攀登者和登顶者同样体现出一种攀登的精神，因为二队至少完成了贾总交代的安全目标。

无论如何，攀登精神的大旗开始在不断进取、变革创新的华耐家居猎猎地展开，激励着其全国数千名将士征战全国市场、不断挑战更高目标的决心。显然，此时的贾锋考虑的是"高速增长的攀登之旗如何飘得更长更久"的问题。

6月19日，华耐登山队再度集结，向海拔5276米、被誉为"蜀山之后"的四姑娘山二峰发起冲击。这一次，贾锋也加入了登山队，深度体验了整个攀登过程。他第一次感受到自己如此接近死亡：在4200米高的大本营，陷入高原反应的他不敢入睡，担心睡着后再也起不来！

当年，他在接受媒体采访时感慨："攀登是对一个人的目标、勇气、毅力的深刻考验。第一，要有目标，登（雪）山本身就是一种理想主义。第二，需要毅力，登山需要的体力强度超过自己的极限，一次登山过程相当于经历了一场苦难折磨。但回到工作生活中，很多困难都不觉得是困难了。第三，直面死亡的勇气，登山随时有死亡危险，没有勇气，不可能积极参与攀登。"

据说，刚开始贾锋还会在意是不是落在最后，后来他彻底放弃了比较，在最后一名的位置慢慢前进，因为教练不断在身边告诉他：不要关心目标在哪里，你只要考虑每次前进一步，就一定可以到达山顶；不要在意你落后多少距离、急于追赶，保持平和、平稳呼吸才能笑到最后。

平素的他一心扑在工作上，来之前也没有时间进行训练，因此，一路上贾锋走得很慢，努力不掉队，最后克服了重重困难，奇迹般地登上了山顶。后来在谈及这次经历的时候，他用得最多的关键词就是"自我突破"："一个没有专业登山经历的人选择向雪山攀登，明知道不那么容易但还是选择去了。这就是一种自我突破。"

第二章

巅峰时刻

第一节 ▲ 征无止境

| 人才先行 |

乐华集团董事长谢岳荣是贾锋的亲密战友。他俩几乎同时创业，并相互携手一路走来，乐华与华耐也成为战略级的合作伙伴，双双成为各自领域内行业高峰，他们的合作与友谊成为家居建材行业的一段佳话。

谢岳荣对贾锋在人才招揽和培养方面的才能印象深刻："他善于从全国范围招揽人才，而且用一种独特的方式培养人才。"

他的话在副总裁李琦身上得到了很好的体现。1997年，李琦还在一家国有企业工作。有一天他在华耐的同学请他救急："你赶紧过来帮我，我干不过来。"于是，他业余时间兼职，协助华耐进行数据录入的工作，做各种财务报表。半年后，贾锋直接拉他"入伙"，又把他发展成股东，后来任命他为助理，协助进行财务工作。两年后，李琦正式成为财务部门的负责人，在这个岗位上一干就是十年，后来一路升任副总裁。

现任总裁助理兼整装公司总经理吴延军说："贾总什么时候都不忘吸纳人才。"2002年，吴延军通过同学引荐与贾锋认识。那时的华耐已经有十多家分公司，在家居建材领域里已经做得很大，而且公司朝气蓬勃，与吴延军所在的事业单位有强烈反差。加入后的吴延军把石家庄做到了区域市场份额领先位置，并因业绩优异在 2012 年获得华耐银质奖章；2013 年担任瓷砖事业二部总经理，当年业绩增长50%，年终整个事业部团队获金牌团队荣誉。

纵观华耐的发展史可以看出，其几乎是一部不断吸引人才的历史。如果说当年的红军长征是宣传队、播种机的话，那么华耐就是不断吸纳周围人才的虹吸神器。其第一阶段（1993～1998 年）是以乡缘、亲缘为纽带引进人才，第二阶段是从 1999 年开始在全国范围引进人才，2004 年起开始大规模从校园招聘应届大学生；到了近几年，则开始重视专业化人才队伍的建设。

其中，贾锋可谓首席猎头，很多优秀人才都是他发现、招募进来的。人家兵马未动、粮草先行，在贾锋这里是市场未动、人才先行。

而且，贾锋有个特点，他愿意花时间在你身上。他有很强的探索欲望，而且真诚用心，时任华美立家萍乡商管公司副总经理吴秀峰说："贾总没有不良嗜好，不抽烟、不唱歌、不泡脚，一天只睡四五个小时，心思全在工作上，奇怪的是每天还精神抖擞。他的爱好就是聊天、开会、打电话。"有一天，他们在线上开电话会议，竟然连续开了 40 个小时，用掉了他四块手机电池！

对于贾锋的"聊功"，2012 年哈巴雪山之旅中作为临时教练加入华耐登山队的宋强印象深刻。他是位极限运动爱好者，在一起攀登四姑娘山的路上，贾锋一直向他问东问西；登顶后回到成都，在宽窄巷子的小饭馆与他聊到凌晨 3 点。2 个月后，宋强以登山队教练的身份加入了华耐。他的加入将临时拼凑的华耐登山队直接带到了专业级的水平。

在宋强的眼中，贾锋有着独特的个人魅力，不只体现在他用心与你交往、交心上，还体现在他做事的出发点和眼界上，比如贾锋表示希望通过公司和登山队"成就更多人的梦想"——别的企业家都是耗费巨资自己登，他却要成立登山队让员工也有机会。他能时刻站在更多人的角度看待问题，这样智慧的人在登山的过程中往往收获更大。

在四姑娘山脚下的酒店里，宋强的登山培训系列课件中，有一段攀登过程的影像。其中，宋强口中的一位登山界传奇人物吸引了听讲的贾锋："这个人太牛了，我们要见见。"

这个传奇人物就是孙斌。2012 年 9 月，在宋强的安排下，一次深刻影响华耐登山队的饭局举行了。

在登山界专业人士面前，带着四姑娘山攀登经历和感悟的贾锋打开了话匣子：关于攀登，关于户外运动，关于人的精神追求，各种话题交流个没完。这是贾锋的一大特点，在未知领域中，如同一个好学的孩子。

在国内，受 2003 年房地产大佬王石成功登上珠穆朗玛峰的影响带动，热爱登山运动的企业家不在少数，如搜狐总裁张朝阳、探路者董事长王静于 2007 年也登上珠峰。2013 年万科总裁郁亮、投资家黄怒波登上珠峰的消息又掀起一股极限攀登的热潮。孙斌就是在这样的背景下出来创业的。不过贾锋仍让他有些意外：华耐竟然成立了自己的登山队。

饭局上，孙斌当然不忘分享自己正在组织的"7+2"极限攀登项目。10 月，他带队挑战非洲最高峰乞力马扎罗山。孙斌正式向贾锋发出邀请，希望他也能够体验一下。此时的贾锋登顶雪山的兴奋似乎还未消退，热烈回应，但发现日程安排冲突。不过，他随即提出一个令孙斌激动不已的建议：不如你回来后，专门为华耐登山队安排一次乞力马扎罗山之行，让华耐登山队队员们一起接受非洲最高峰的险峻挑战。

似乎在不经意间，成立仅半年多时间的华耐登山队进入了"7+2"时刻。

为什么登山？著名登山家马洛里意味深长地说："因为山在那里。"普通人对此语无感，只有真正的登山者能够明白这句话的真正含义。

为什么企业家们喜欢上了登山？有文章这样分析：不仅仅是因为登顶带来的一时成就，而且是登山过程会推动他们感悟人生、放下成就、思考方向，从而再创巅峰，而登雪山和"7+2"这类极限运动，生活中再成功的人也无法独立完成。它需要团队协作，需要成员抛开一切无谓的杂念，面对唯一的目标，才有可能登顶。

2013年5月26日，华耐家居集团在20周年庆典上，正式诠释了攀登精神的内涵：目标坚定、突破自我，挑战极限，坚韧不拔，开拓进取。

——攀登就是认识自我、挑战自我、超越自我的过程；攀登就是不断挑战生理和心理极限、不断突破自我的过程。

——登山是生命本身的抗争，是努力向上、永远向上的抗争。登临绝顶，方知世界之大美。登顶的过程，就是一个重新认识主观自我和客观世界的过程。攀登所体现的求知精神和勇气，是推动人类社会不断前进的直接动力。

——登顶不是战胜或挑战，而是融入和回归，是用生命与自然对话。我们从登山运动中得到的是纯粹的快乐，而这种快乐正是生命的最高追求。攀登体现了人类对自身和世界本性的终极探求。

为什么要把"攀登精神"打造成一种企业文化呢？2014年11月，在接受新浪记者采访时，贾锋说过他的想法：当下整个世界经济环境都不太好，家居行业也面临许多困难。这时候企业更需要倡导一种积极向上、勇往直前的拼搏精神。而且对于目前大部分"80后""90后"员工来说，他们内心也非常向往这种刺激的、勇敢者的运动。

他们对攀登精神的解释仍然比较笼统，总结起来就是：第一，在市场环境变差、竞争压力增强的外部环境下，华耐必须要保持高速增长，这个目标必须坚定；第二，客观只是现实，企业要做的就是发挥主观能动性，打破原来的惯性，走出舒适区，要突破，要挑战，要坚韧和进取，也就是在思想和方法上积极创新；第三，期望将个人价值与企业目标结合起来，将事业与人生结合起来，一起在挑战生命极限（包括公司成长）中获得最高的快乐。

最后一条似乎是贾锋个人的价值追求，但深思一下，这何尝不是公司治理的理想状态？当前，很多企业奉行狼性文化：为了实现目标将人变成狼。商业组织似乎必须与人性对立才能成功，但作为地球上最富有智慧的生物，人类一旦认清自己的使命和目标，其激发出来的创造力会空前巨大。员工在一个企业工作，就是把一半甚至全部的时间交给了这个组织，工作变成生活的一部分，人生、商业和社会都是有机融合和互动的，难道公司就不应该积极思考管理的意义，将员工的发展与企业的终极追求有机结合起来吗？

转型升级

2008年金融危机开始蔓延至全球。它带给中国的最大挑战是，自2001年加入WTO以来的红利大幅度减退。一段时期内，迅速增长的国际贸易和国内以房地产为核心的投资并称为中国经济飞速增长的两大引擎。

广东是改革开放的前沿、中国外向型经济的重要基地和外贸大省，自然成为国际贸易低迷承压最重的"灾区"。加之国内资源紧缺、环境恶化和劳动用工成本上升等多因素的影响，原来的外向型经济发展面临巨大挑战：农民工返乡，工厂关闭，外资撤离，留下一片荒芜的土地……因此，面对外部环境的恶化，广东坚持推进2007年制定的经济转型升级战略，鲜明地提出"腾笼换鸟"的口号。

转型升级谈何容易？之前的东莞被喻为"世界的制造车间"，曾经95%的电脑及周边产品在这里都有厂商生产，是全球最大电脑零配件生产基地之一，要想转型，必须有四忍：忍住暂时的阵痛、忍住暂时速度的放缓、忍住暂时收入的减少、忍住社会的非议。很快，全省上下逐步形成共识：转型升级意味着新征程的开始，这必须要改变我们过去长期保持的跑步姿势，其中难免要牺牲一定速度，难免会伴有阵痛。而且这需要有一个过程，不可能一蹴而就。

佛山是广东制造业的中心，是建陶行业重镇。以"中国建陶第一镇"南庄为例，政府以"壮士断腕"的勇气进行产业升级，"淘汰一批、转移一批、升级一批"，企业数量从400多家减少到50家，大浪淘沙中留下来的企业，在转型升级中提升了产业的附加值。

当时，新加坡国立大学东亚研究所所长郑永年评价广东变革转型的意义："广东的转型升级不仅仅是在为自己寻找未来，也是要为整个国家寻找未来。"（《南方日报》，2012年9月）

一方面是产能过剩之下广东和国家在积极寻找经济转型之路，另一方面在社会层面，中国正迎来富有重大意义的变化：被誉为互联网原住民的"90后"开始步入社会，这一代人基本不再担心贫穷，更关心个性和价值的张扬；中国迎来智能手机时代和社交网络时代，微信、天猫迅速崛起，网络成为生活、工作乃至购物的基本图景。

这一变化是历史性的。那么，置身其中的企业怎么办？显然，变革已经不是要不要的问题，而是必须做的议题。

人类是对外部环境变化比较敏感的生物，外部环境的变化往往容易影响人的主观体验。面对同样的环境变化，有的人倾向于积极地解释世界，加固自己的世界，向更高的目标挺进。在贾锋看来，企业也是一样，企业适应市场环境的能力十分重要。

他说："对于大部分人来说，其实我认为当代人整体适应环境的能力在下降，人变得脆弱了。我希望通过这种直面大自然的方式来让他们得到锻炼。对企业来说，这也是在提高多变市场环境下的适应能力。"

早在 2007 年，华耐的转型升级探索便已经开始。3 月 16 日，张家口橱卫体验馆开业；9 月 8 日，北京 6000 平方米华耐立家体验馆 & 马可波罗至尊店正式开业。这些都是公司在终端模式和运营方面的重大尝试；2011 年 4 月 16 日，天津华耐美家重装开业，这是华耐在装饰领域的探索。

但这些探索，因为模式上具有相当的差异，在一定程度上反映出当时华耐在体验馆新模式构建上的摇摆。比如，张家口体验馆方向是综合馆，北京的则似乎想与马可波罗大店结合为一体，而天津则完全是一个整体家装模式，这些不同的模式不但对供应链提出很高的要求，还对其运营能力产生了巨大的挑战。因此，这种探索更是尝试性的、局部性的，缺乏系统的规划，造成了其阶段性存在的命运。

2009 年，贾锋开始尝试涉猎家居产业地产领域，出资成立河北华耐房地产开发有限公司。当年 11 月，在张家口第一次出手就拍得市场中心商业圈一块 47 亩（约 3.13 公顷）的土地。一年半以后，一座投资 2.44 亿元、拥有 5.2 万平方米的张家口华耐家居装饰广场（高新店）正式开业。这家店从开工建设到投入运营仅用 10 个月，创造了家居卖场建设开发速度的奇迹，其成功运行也增强了贾锋进军家居卖场的信心和决心，希望以此为平台，进行产业多元化的积极探索。

然而，这样的商业模式需要重资金投入，需要联合更多力量。贾锋将目光投向自己的老朋友——唯美集团黄建平和乐华集团谢岳荣。2011 年 12 月 15 日，三人共同发起成立广东华美立家投资控股有限公司，在资金、人才、品牌等方面强强联合，开始大规模进军家居产业地产领域，在各地建立家居建材旗舰终端，打造建材家居渠道变革的新模式、新选择。

紧接着，2013 年年底，贾锋与中国建筑卫生陶瓷协会共同发起，联合新明珠集团、唯美集团、乐华集团、东鹏陶瓷、蒙娜丽莎等 20 多家家居建材企业，出资组建了中陶投资发展有限公司。贾锋任职董事长，中陶投资以资本为纽带，聚合股东企业的产业力量，全面支持华美立家在家居建材总部旗舰基地的模式探索。

此外，探索的方向还有电商。早在 2010 年 4 月，华耐"立家网"正式上线，2012 年组建了电商事业部，试图在电商营销上取得突破，让华耐庞大的线下体系插上网络的翅膀。

2015 年，华耐开始在内部孵化一些创新项目：对内提升物流服务，对外拓展标准化的家居建材干线、仓储、配送、安装、维修服务一体化服务业务。这些探索符合公司对服务方面的思考：服务必须是一个更加专业化的产品；服务要以技术手段和新的系统实现独立运行；服务要形成口碑，要品牌化。

| 征无止境 |

《华耐的管理故事与哲理》一书中记录了这样的故事：

"创业初期，贾锋忙碌起来常常是连轴转，平均每天只能睡三四个小时。一天，贾锋骑摩托车出去跑业务，在回来的路上，经过一个坡道时竟不知不觉睡着了，嘭的一声，撞上路边的电线杆，才被惊醒，万幸没有出事。

"到今天，华耐成为家居建材流通领域的领军品牌，贾锋比以前更忙了，但其拼命三郎的状态如故。一次，贾锋为参加华耐的一个重要会议，从广州赶回北京。由于连日奔波劳累上了火，在与干部开碰头会时突然大量流鼻血，同事们都劝他回家休息，但第二天，贾锋还是如常出席了会议。

"现任华耐家居总裁办战略渠道总监的武廷军实在憋不住了，问贾锋这么做到底图什么。贾锋道：'现在的华耐，可不是我一个人，我身后还有好几千号人啊。'"

在华耐，贾锋的勤奋是出了名的。副总裁何晓勇就很奇怪，贾锋究竟是什么材料做成的？每天休息那么少，干那么多事，开那么多会之后还那么精神抖擞，晚上工作到很晚，早上又早早上班，搞得同事们都很有压力。

在何晓勇眼里，贾锋这位"大家长"有几个特点：第一，舍得分享。他想的不是自己赚钱，而是让员工们赚钱。激励机制上十分开放，否则很多人早就走了。第二，坚持公平公正公开地治理企业。他对所有人，不管是高管还是基层员工，甚至有些有亲属关系的，都一视同仁，从来没有任何人有特权。第三，以身作则。他在诸多方面都严格要求自己，"所以在华耐，大家都有一个非常谦卑的心态"。

不可否认，在中国，企业家精神深刻地影响着企业的精神和文化。贾锋认为，相对于瓷砖卫浴这些销售产品或服务，一支有信仰、有志向、有纪律、有精神的铁血战队是华耐更具价值的"产品"。

为此，他不但严于律己、以身作则、公心为上，还在团队建设上花了相当多的时间。早期，他会与每一个新员工亲自交流，后来随着新人的增多，这种交流改成座谈会形式，再后来会议室也装不下了，就变成了新员工入职培训的"新兵连训练营"。在关爱老员工上，自2008年开始，华耐开始推出"荣誉员工"项目活动，每年组织十年工龄的员工开展培训等活动，同时安排高管们一一对他们进行家访，给他们的父母送上慰问金。

华耐的培训机制也相当健全。早期，以贾锋为首的高层就主动进修学习：集团董事杨占海因为在南京工作，就近被送往南京大学深造，李琦和李枝娥到清华大学工商管理培训班脱产学习，高雪峰、王利武（现苏皖销区总经理）到北京大学脱产班培训学习……高管们都陆续有了进高等学府深造的机会。2010年之后，公司每年都会出资并选派高管到北京大学、中国人民大学等管理学院进修EMBA。

同时，为了有计划地推进干部梯队的建设，2005年起每年在张家口华耐商业学校组织骨干力量培训班，张家口华耐商业学校成为华耐培训各级人才的基地。2009年起第一次引入"营销精英特训营"的培训方式，以军事化的管理模式、多样化的培训方式、竞赛化的学习状态对营销骨干进行训练。除此之外，华耐经常组织高管们四处参观学习，走进海尔、华为等中国一流企业。

在激励制度上，华耐也建立起自己独特的功勋文化。2002 年，公司首次设立勋章奖励制度和金牌团队奖励制度，以表彰当年表现突出的个人和团队；十多年来共有 18 名员工荣获金质勋章，34 名员工荣获银质勋章。2012 年创立"华耐之星"奖励制度，迄今有 70 名员工获此殊荣。

在组织架构层面，2009 年，华耐对地级城市的深耕进展迅猛，分别在山西、四川、江苏、山东等省的地级城市设立分公司。2010 年 12 月，公司正式开始推行品牌事业部制，分别成立了瓷砖事业部一、二、三部，卫浴事业部和大客户发展中心。事业部制是公司一次重大的组织机构变革，这一模式实现了品牌运营专业化管理和差异化营销策略，同时也建立起了更有效的人才选拔、培养和竞赛机制。

为了进一步刺激公司力争上游、不断攀登的氛围，2010 年，公司提出"高目标、高增长、高激励"的口号，将模拟股权激励机制与业绩奖励机制相结合，推动公司业绩向更大规模跑步前进。《陶瓷资讯》的一篇文章中这样写："华耐的成功之道，就是不断强大的企业实力与企业文化两驾马车完美地结合前进。"华耐的实践证明："通过打造企业文化建设包装企业、确定企业的行为规范以及加强企业员工的信仰，能打造出一支能征善战、忠诚度高、战斗力强的销售团队。"

其实，在华耐的人才培养体系中，除了培训、参观、学习外，还有一个重要的轮岗机制。该机制规定：如果你在一个岗位干满三年，可以根据自己的兴趣提出转岗；如果干满六年，必须实行转岗。此举既能避免岗位疲劳症的出现，又可以激发员工的职业潜力，让组织变得更具活力。很多老员工对此深有体会：一方面，他们认同

"自己就是一块砖，公司让往哪儿搬就往哪儿搬"的传统，造就出开拓进取、执行力强悍的奋斗者文化；另一方面，他们对公司给予的机会相当感恩。

黑龙江销区总经理杨建军，在华耐23年时间曾在7个区域打过仗：张家口—济南—滨海—保定—廊坊—邢台—哈尔滨；山西销区总经理贾军，在22年时间里也征战7个区域：张家口—济南—上海—广州—杭州—保定—太原；云南销区张迪在7年时间里5次南征北战：北京—德州—菏泽—太原—云南……这些员工一切听指挥，为华耐开疆拓土立下赫赫战功。

也有一些干部，一方面在所在的城市成了家，另一方面思想上存在进取的惰性，某些干部只想守住自己的地盘，很难主动改变，贾锋对此提出了警告："我们这个班子，说实话没有什么可守，大家必须开拓。我必须要创造条件，让你们开拓。每个人不能有地盘概念，没有地可守，必须全面打开拼搏和开创的格局。"

因此，由点到面、由行为到制度再到理念，华耐的管理文化体系可谓相当成熟。

第二节 ▲ "7+2" 时刻

两个杀威棒

2013 年 5 月 26 日，华耐迎来了自己的 20 岁生日。一场"同行二十载，启航新未来——20 周年司庆"的盛典活动在昌平-北京石油阳光会议中心隆重举行。总裁贾锋与全体股东出席庆典，此外，2003 ~ 2013 年的 75 名荣誉员工及总部 240 名员工参加了本次活动。

尽管遭遇了全球性的金融危机，但华耐依然保持着业绩的高速增长；而且回顾 20 年历程，这样那样的环境变化都没有阻挡住华耐发展壮大的脚步，如今的华耐已成为中国家居建材流通领域的领军企业。回首过去，这样的成绩单足以让人引以为豪，曾经同行的峥嵘岁月不禁让人感慨。

然而，这还不是纵情的时刻，因为这并非奋斗的终点，而是继续前行的起点。企业的发展固然有其生命周期，但人的价值就在于他们能破除这种周期性的成长、衰亡规律，因此，企业是一个永远没有终点的旅程。

贾锋将自己的一生都交付到这场旅程之中，他要进行一场人生的实验：一群志同道合的人可以创造出什么样的奇迹，可以构建出怎样理想型的集体化、社会化企业，怎样"推动社会实践的进步"。这是一个不断向未知、向更高目标攀登的过程。对此，他没有畏惧、犹疑，反倒拥有强烈的兴趣与好奇，不断探索前进。

"二十载岁月风华走过的，是坚守信念与理想。二十载岁月悄然驶过，理想的顶峰在心中不断蔓延。二十载岁月的积淀成长，从新起点再度起航……"面向未来，如何统一全体华耐人的梦想，如何承担起华耐发展历史使命和责任，共同遵循我们统一的价值观？在华耐家居二十周年庆典现场，贾锋正式宣布了《华耐家居集团企业宣言》，之后又带领董事及七位副总裁再次集体宣读。

一、企业愿景

华耐家居集团致力于打造中国家居建材流通领域第一服务品牌，并努力成为中国家居建材行业的领航者，这是我们华耐人肩负的责任，也是我们追求的企业愿景。

二、企业使命

我们将积极推动行业创新，引领行业变革，创造积极健康的行业环境，不断履行行业社会责任，为消费者提供更具价值的产品和服务，谋求社会对家居建材行业的广泛认可和尊重，并通过华耐人坚持不懈地奋斗，实现我们成就美好家居生活的企业使命。

三、企业价值观

华耐的发展和未来的成功，离不开我们共同遵循的企业价值观——"乐于奋斗、勇于担当、共赢分享、至诚合作、持续创新、成就客户"。

......

贾锋向媒体这样解读华耐企业宣言:"宣言就是号角,宣言就是行动的纲领,宣言就是起航未来的航标,让我们全体员工在宣言的指导下践行企业价值,全面贯彻执行策略部署,共同担当企业使命,一同为企业的愿景而攀登。"

半个月之后,贾锋就和华耐登山队 10 名队员踏上挑战四姑娘山二峰的征程。

此前的他虽然年轻时经常锻炼、创业初期洗冷水澡,但岁月荏苒,身体发福,而且出发之前没有做过什么准备。据说,决定是在登山队出发前 5 天做出的,对此,高管几乎都投出了反对票。作为企业的主心骨、全体员工的领袖,其安危甚至关系着整个企业的存亡。然而,反对的声音没有改变贾锋的这一决定,他说:"我们的企业需要一个新的高度,这也是我们进取的方向!"

或者,此刻他就想静一静,因为,此时华耐的成长态势相当喜人:非但近几年华耐家居的业绩蒸蒸日上,新生的大客户、电商部门发展迅速。同时,由他投资创办、聚焦于家居建材总部基地建设的华美立家也涨势喜人:2013 年上半年已经投入运营,在建和已建项目 9 个,分布在河北、江西、四川、广西、黑龙江等区域。

孰料,这个在登山界看来是"入门级"的四姑娘山直接给了贾锋两个杀威棒:登四姑娘山的前一天,就听说刚有人从二峰上摔了下来,胳膊断成两截;次日晚上在 4200 米的营地,吃不下、睡不着、呕吐,这是贾锋第一次体会到对死亡的恐惧。

后来,他和《中国企业家》杂志分享他的登山感悟:"我们做企业的人,平时的生活,都有人给你提前安排好了,你会感觉到一切都是自然的，会高估自己的毅力、智慧、勇气，容易变得装腔作势。但面对自然，你装不了，你会感觉到自己其实太渺小了。我在登四姑娘山时，从上山到下山都是倒数第一。在那种环境下，财产、地位对你已经没有任何意义了。你知道当时我啥心理？只要能活着回来，就算摔断腿也是完全可以接受的。"

自从灵山事件后，华耐上下对登山进行了深刻反思：登灵山都出了这么大的事，以后登更有难度的山，怎么控制风险？首先，人数不能太多，就成立登山队；其次，队员都是自愿去的，每一个登山队员都要自己写申请，参加体能选拔，身体素质不行的不能去；最后，每一次华耐都聘请非常专业的教练，装备也齐全，还带了队医，可以随时急救。但即便如此还不行，队员们还要严格遵守纪律。

"不严格遵守纪律要挨骂的。登山当中你要认识到，你一个人不遵守纪律就会影响所有人的安危。"贾锋说，"登山真是提着脑袋在玩儿。表面上看，大家嘻嘻哈哈，玩得很开心，实际上每个人都非常紧张，非常严肃。"（《中国企业家》，2015 年 1 月）据说，在四姑娘山大本营，睡不着、不敢睡的贾锋索性打坐了一夜，心中思绪万千。第二天一早，被"绑架"的他一路慢慢跟随，最终 11 名队员全部登上了海拔 5276 米的四姑娘山二峰，首创了四姑娘山登山史上全员登顶的纪录。

出生于张家口的贾锋其实从小爱爬山，年轻的时候一心想干事，每天清晨起来跑步，晚上坚持洗冷水澡。"随着工作越来越忙碌，生活条件越来越好以后，我有几次想在家里洗冷水澡，打开水龙头突然就不想洗了。"贾锋分享，"拒绝和痛苦的那一刹那，我就回想起当年是如何在严寒中将一桶带着冰碴子的水从头浇到底的情景。那种精气神是非常能让自己感到豪迈的。也是在那一刹那，我意识到，随着岁月流逝，人的意志力真可能会慢慢衰退，吃苦精神也会弱化。在优越的环境下，人都有选择性地偷懒和想舒服的心理动机。长期下去，精气神就没了。"

贾锋认为这样不行。在他看来，人就是要从肉体上、精神上不断挑战自己，磨砺自己，才能保持一个良好的状态。这也是他2009年倡导"向红军学习"的原因，学习红军的吃苦精神，学习红军的艰苦奋斗意志。问题是，随着队伍的年轻化，一味倡导近百年前的吃苦方式不行了："我们过去教育人要苦中找乐，可以说是自我折磨，是劳役式的锻炼，现在的年轻人不是不愿意吃苦，但他们愿意接受的是一种自我挑战性锻炼，因为那是一种自我实现的方式。"

在登山的过程中，贾锋体会到：（登山这种）艰苦的环境确实能触发人思考，磨炼人的意志。而且，登山的确是一种年轻人可以接受的时尚方式。这是华耐最终选择了通过登山来塑造企业文化的原因。环境和人都变了，企业必须与时俱进。

不过，这次经历令他对企业家攀登的热潮有了新的看法："登山精神不能变成一种贵族精神，变成富人俱乐部的表演，那就没劲了。"他的思考角度别具一格："中国所谓的财富阶层的价值观和生活方式已经与社会大众产生了隔阂和对立，大家互相抱怨，不信任。企业家不应该过于脱离大众，应该想办法始终了解大众，了解社会，了解自己身边的每一名最普通的员工，与他们承受一样的压力，感受一样的冷暖。登山，就是企业家感知社会的一种最好的方式。"

这里不能不提登山队长马建国，他算是华耐的中层干部。但在登山这件事上，却是位执行力很强的人。比如，在攀登灵山之前，他利用春节回家的时间在家里进行了攀登训练。攀登哈巴雪山时，马建国担任副队长，发现爬雪山和以往的经历有很多不同。最为显著的不同就是，曾经的登山就是自己的一种喜好，一种生活场景，如今攀登雪山，需要学会使用冰爪，需要结组而行。每一个队员都要将自己与铁索相连，需要专业的指导和经验。

在攀登路上，他见识到了各种高原反应，各种掉队的，各种自认为身体素质绝对合格却面对大自然的真正考验不得不认输的队友，感受到了自己的日常锻炼还缺乏系统性，也缺乏足够的专业指导。

"从 2012 年以来，特别是哈巴雪山之后，我每天都坚持锻炼，不曾中断，动辄就徒步走上 10 到 20 公里。"马建国分享道，"每一次正式登山前期准备阶段，都要坚持爬楼梯 300 阶以上，安排自行车骑行、游泳等锻炼项目，保持身体状态，已经形成了习惯。"2013 年 5 月，因为这些良好的准备他被任命为华耐登山队队长。

全面开花

2013 年 11 月 12 日，华耐宣布："征无止境 7+2"项目正式启动，华耐登山队首站走出国门，远征非洲最高峰乞力马扎罗山。这一次，贾锋再度现身队伍之中，其他成员包括：队长马建国、总教练贾庆贺、教练宋强以及吴秀峰、李洋、杨再勇、陈晓、李兵林、寇海龙、牟国群等 12 人。

他们的队伍更豪华了，不但由孙斌所在的巅峰探游公司提供全程专业服务，他们还在当地聘请了 6 名向导。

资料显示，国内高海拔的商业登山活动的兴起不过 20 年的时间，标志性事件是 2001 年西藏圣山登山探险服务公司的成立，后者开启了中国商业登山的全新模式。此后，任何普通人只要缴纳一定的费用，都有机会在公司"一条龙"的服务下，实现自己登上世界巅峰的梦想。

全球"7+2"项目，是让登山界人士都憧憬的目标。在此之前，全球完成这一壮举的也就区区几十人；在中国企业家里，虽然有股小热潮，但也仅限于珠峰这样的标志性项目，很少有企业家提出攀登"7+2"的目标，华耐竟然要成立一个极限登山队，将一个团队送上全球顶级运动项目中，占据全球前 100 的登山界风云人物榜单……这事说起来就令人豪气顿生！

想一想，60 年前的 1960 年 5 月 25 日凌晨 4 点 20 分，成立仅 5 年的中国登山队队员王富洲、贡布（藏族）和屈银华首次连跨险关，在缺氧的情况下，首创从珠峰北侧登顶的世界纪录。这是中国登山运动史上最为辉煌的一刻。而现在，连华耐公司的普通员工都有可能实现这一壮举！

乞力马扎罗山，华耐登山队来了！华耐人来了！

这座山位于坦桑尼亚东北部以及非洲大裂谷以南 160 公里处。2013 年 11 月 12 日，华耐登山队踏出国门，走进非洲，目标是挑战 5895 米的乞力马扎罗峰。5 天的适应性训练之后，11 月 18 日于非洲当地时间凌晨出发，经过 8 个小时奋力拼搏，贾锋、马建国、贾庆贺、宋强、吴秀峰、李洋、杨再勇、陈晓、李兵林、寇海龙、牟国群等华耐登山队全体队员终于在非洲当地时间早晨 8 点 18 分登上峰顶。华耐登山队的旗帜在非洲之巅迎风飘扬。

11 月 23 日，华耐家居 400 余名总部员工共同为登山队员举办了隆重的凯旋盛典，一同分享华耐登山队胜利归来的喜悦。

此次非洲之行，除了登山过程的艰辛之外，队员们还要挑战一路上四季的变化和非洲的饮食，时差、气候和饮食都需要快速地适应。不过，这也成了他们的一大收获，比起攀登路上的艰辛，此行收获更大。贾锋说："一路上，独特的民俗风情和热情的非洲朋友深深地感染着我。"唯一的女性李洋在攀登的过程中呕吐严重，体力严重透支，她后来回忆说："我觉得下山之后吃一次中餐，哪怕是一个馒头，都是莫大的幸福。"

不过，面对记者采访时，他们开始陷入更深的思考。队长马建国说："登山从来不是一个个人项目，而是一个团体运动。当教练用绳索将我们 11 个人连接在一起（冲顶）时，我知道，我们不再是一个个体。我们每一个人都是把自己的生命交给了队友，他们就是我们最信赖的人！我们就是一个整体。在这里，没有总裁，没有经理，每个人在生死面前都是平等的。"

李洋则认为："登山是绝对公平的运动，它不分性别。作为唯一的女队员我没有受到任何的特殊待遇，甚至在 4280 米的大本营与 5 个男人共处一室，这些都没能妨碍我继续攀登的信心和决心。面对高原反应、头疼欲裂以及体力透支，坚持成为每个人唯一的选择，因为山就在那里，只要坚持就一定能看到峰顶的太阳。"

"这就是攀登的魅力。它已经超越生死，超越等级，是最公平的运动。"贾锋说，"我们所倡导的攀登精神就是需要在团队协作的基础上，认识到每个人的能量，完成对新高度、新纪录的挑战。"

这是贾锋第二次登上雪山，也是第一次攀登国外的雪山。两次体验下来，他的思考更为深入："我认为攀登绝对是对一个人的目标、毅力、勇气的深刻考验：第一，需要目标，登山本身就是一种理想主义；第二，需要毅力，登山需要的体力强度超过自己的极限，一次登山过程相当于经历了一场苦难折磨，回到工作生活中，很多困难都不觉得是困难了，但在这个过程中有毅力坚持下去很重要；第三，需要勇气，直面死亡的勇气，登山随时有死亡危险，没有勇气，不能攀登。"

不过，李洋还是觉得在华耐的经历如梦幻一般："我从没想过6月份，自己会穿上羽绒服走在（四姑娘山）近半米深的雪中，更没想过自己会踏上攀登（非洲）雪山的路程，一切来得似乎是那样突然，却又顺理成章。（它）让自己平淡的人生中增添了几分冒险精神，也许这就是人生中的惊喜。"

吴秀峰对此也深有同感。那时的他也加入了登山队。既然有了目标，他就会有所准备，提前一个多月进行一些锻炼，有时候开会到深夜一两点也会多走走路。他的感悟是："目标很重要。哪怕是事先没有想好，一旦定下来了，身体就会自动地往这个方向去。""从个人角度而言，它能够让你探知更多的未知领域，激发你更多的潜能；而从企业角度，攀登就是一种向上的精神，一直会指引我们华耐走下去，向着更高更远的目标。"

是的，此时的华耐尽管业绩让人乐观，还在加速成长，但已经被推入一个转型升级的通道之中。贾锋试图通过一个极具象征意义的行为和项目，唤起内部的意志、激情和动力。因为，他已经强烈感知到变化正在发生，危机正在降临；而且与以往不同的是，这次变化和危机，是系统性的、关乎核心竞争力的。

为此，华耐试图全面推进，补足每个短板，它几乎在每个可能的关键节点上布了局。

——推进大客户业务，抢占更多的市场空间。

——重点孵化电商项目，该项目被列为 1 号项目。当时，在很多华耐高层看来，电商项目不但关乎业绩的短期提升，更关乎华耐未来经营模式的打造。展望未来，任何一种运营方式离开网上的助攻或合作都是不可想象的。

——通过服务提升满意度，打造独立服务品牌。2015 年华耐开始孵化服务项目，试图在传统家居建材零售业态的基础上，朝着"零售＋服务"一体化驱动的新零售业态挺进。

——厂商协作深度参与，积极引领渠道变革，从而打造一种新模式。

这明显是全面开花的节奏，显示出贾锋对未来的目标追求：一方面，保持公司业绩快速增长的势头——不能因为变革转型而让业绩大大受损，而是通过业绩更好地推动大家积极变革；另一方面，试图通过让创新项目独立运作的方式，在风险可控的前提下，为公司培养新的增长点，创新商业模式。

这是很难实现的目标吗？ 2014 年，一位女企业家、探路者创始人王静用了 143 天时间完成"7+2"项目，成为世界上完成此探险项目用时最短的登山探险家。在她看来："登山的时候也好，做企业的时候也好，或者你认定一个目标的时候也好，只要认定那个目标，就应该有这样的信念说我能做好。"（《挑战极限运动是企业家的时尚？》，2016 年新浪家居）

| 创新大奖 |

贾锋身上的创新精神十分明显，他一直不满足于现状，一直想做更多的有难度的事情，引领着企业不断创新变革。

2012 年开始，贾锋就在紧锣密鼓地调派精英，充实到总部，充实到创新部门。

这一年，在山东销区征战多年的孙立国调任总部运营中心总监，负责在电商领域的探索。

时任副总裁李琦是一个有强烈的危机意识的人。他说："环境天天变，变是常态。因此不能循规蹈矩，每天都要挑战新高度，一刻不停歇。"或者就是他这股积极进取的精神和作风，2015 年贾锋挑选其担任总裁一职，期望将创新的精神发扬光大。

还有一位则是石家庄销区总经理吴延军，他通过自创的"无缝活动营销"打法，成为当时华耐各销区借鉴学习的对象。

这样的做法并非孤例，很多华耐人都有类似的经历。

重要的是，贾锋善于从制度层面解决创新力的问题。2013 年，他在"发现中国创造力高层战略研讨会暨2012 中国创造力年度盛典"上谈及"创造力"话题，认为"弹性的企业制度是企业保持创新的原动力"。结合华耐的实践，他从股权制度、人事制度和成本制度三个方面分析了华耐家居集团弹性的企业管理制度。其中模拟股权激励则是企业的基本制度。

在人事制度上，贾锋分享了华耐的轮岗制度，指出："人才的创造力、创新能力还有工作激情，都是会有波动的。在企业里建立一个能够上下轮岗的弹性的人事制度，能够更好地保持人才的活力和对工作的积极性。"在成本制度方面，他认为，欧美国家虽然有着非常健全的社会福利制度，但却缺乏弹性的收入制度，这也导致了企业成本和社会成本的不断增加，导致企业发展失去了活力。

2011 年，除了开始进行专项的创新孵化项目之外，华耐总裁办公会议决定建立创新管理委员会，并在年终表彰中专门设立创新奖，在组织和机制层面激发全公司内部的创新。

何谓创新？华耐认同管理大师德鲁克的观点，即引进一种新产品、采用新的工作方法、开辟出一个新的市场、开辟和利用新的原材料、采用新的组织形式……都是创新。对华耐而言，管理工具的流程优化、管理方法的改善改进、销售技能的有效提升、成本费用的有效控制、运营效率的系统提升以及本职岗位的微创新都在可选之列。根据规定，创新奖项的评选瞄准的是创新方案和成果的革新性、改善性、可推广性和成果大小等要素，坚持公平、公正、公开打分的评选原则，分为初选、复选和终评三个阶段，最终得出年度创新奖项。

2014年5月26日，"我们的时代：1993—2014年华耐家居集团21周年司庆盛典"在北京居庸关长城隆重举行。会上，时任创新委员会主任张颖光指出：世界上唯一不变的就是变化本身……如何去感受这些变化，理解这种变化，如何去传播这种变化，让大家都能去运用这种变化，这就是我们要做的工作。企业创新的意义，在于不断优化现有的机能，提升效率，改变方法，优化一个企业的机能，不断提升现有或培育新的竞争力。

他说，我们过去建立了精品终端，做了很多的配饰是一种竞争力；今天，华耐的竞争力要发生变化："创新是企业生存的根本，创新是企业发展的动力，创新是企业成功的保障。希望大家理解创新，拥抱创新，在今后的工作当中我们一起来创新，靠创新来推动我们企业的发展，靠创新来重新构建我们企业的竞争力，靠创新减少大家的加班时间……"

此次会议显示，华耐试图建立一个创新的体系，将之前的年度推荐机制改为日常管理的机制与激励，激发全员的热情，构建一个自下而上的创新思路，以便可以通畅地提报；委员会拟定一些创新的项目，公司给予配套的资金、配套的组织、配套的支持；在某些销区，已经开始进行创新研发的，可以在公司层面建立创新试点并大力推进实施。此外，张颖光还谈到未来将建立科学的创新成果评比、评价系统及工具，以便整个委员会围绕工作机制推动整个体系的创新工作开展……

很快，会议进入了高潮阶段——颁发年度创新大奖环节。2012年，贾锋对公司的创新推进还不够满意，因此，当年的创新一等奖空缺了。为激励创新精神，在2013年贾锋又决定设立创新专项奖励。随后，电商事业部因创新业绩突出获得了年度创新大奖。

在颁奖现场，贾锋着重谈了公司的创新："华耐提创新应该不低于15年了，但过去我们的创新非常窄，或者说没有得到真正的关注，我们的创新氛围非常不够。这几年我们对创新的激励、对创新的管理、对创新的评价各方面都有非常重大的突破，我们设了两个创新性很高的荣誉。这表明，我们要把最高的荣誉和大家的工作幸福感结合起来，让我们的员工更加感觉到付出努力，得到尊重和回报，得到认可。"

第三节 ▲ 跃进大家居

冲顶！冲顶！

在华耐的发展历程中，2014 年是战略转型前的一个重要时期。这一年，在继续保增长、要业绩的同时，华耐将目光投向欣欣向荣的（定制）家居业务，开始探索在原来的瓷砖卫浴之外的产品品类扩展。

也在这一年，华耐登山队一鼓作气，连续挑战了"征无止境 7+2"中的两座高峰。

第二站，5642 米的欧洲之巅——厄尔布鲁士峰，俄罗斯境内（大高加索山脉）。北京时间 2014 年 5 月 18 日下午 2 点 50 分，华耐登山队队员马建国、张朝阳、文军、宋强、李兵林、吴秀峰、李海洋、李洋、吴延军、贾庆贺 10 人登顶。

第三站，海拔 6960 米的南美洲最高峰——阿空加瓜峰，该山位于阿根廷与智利交界的门多萨省的西北端。北京时间 2014 年 12 月 5 日 0 点 15 分，华耐登山队队员马建国、宋强和另外两位来自一线的队员李海洋、李兵林一起将旗帜插上山顶。

在厄尔布鲁士峰山顶，登山队发生了两个颇有意思的细节。第一个细节是，登山队员李海洋即将新婚，因此，登顶的 10 个人都录制了对他和未来妻子的祝福，这个视频在他的婚礼现场播放，让新娘激动得泪流满面。第二个细节是，这些队员在山顶集体高喊华耐的攀登誓言："华耐登山队，不畏艰险，勇往直前！坚守信念，挑战极限！践行攀登精神，塑我华耐雄风！华耐英雄，永攀高峰；拼搏进取，行者无疆！"那一刻，每一个队员都能感受到一种庄严、幸福……

冲顶，冲顶！向着目标挺进！登山队带来的好消息激励着华耐团队。在很多资深员工看来，华耐高速成长了 20 年，战胜了一个又一个困难，挺过了一个又一个关口。华耐，是成功的象征，而拥有强大执行力的华耐人，只要敢想敢干，就一定会迈向更大的成功。

"只要你敢想敢做，没有做不成的事儿。"一位华耐员工说。当时，很多人像他一样笃信毛泽东那句"世上无难事，只要肯登攀"（《水调歌头·重上井冈山》）。过去太多的时间和事实证明了这点，未来华耐一定可以继续战胜行业和环境的变化。

不过，有一个人却充满了深深的危机感，副总裁李琦由于分管财务和信息化，他了解华耐的数据变化和外部正在发生的信息化变化。

在李琦看来，正在发生的三大变化正深刻冲击着华耐过去赖以成功的基础。

第一是移动互联网。2013 年国家正式开放 4G，智能手机快速普及，因此 2013 年被称为移动互联网元年。2014 年春节期间，微信凭借微信红包一战成名，一下让干了 8 年的支付宝措手不及。从此移动支付这一关键环节被打开，消费者从原来的在家购物直接升级为在手机上购物，生活与行为方式发生了巨大的变化。

这无疑为传统的电商插上了科技的翅膀。数据显示，2014年"双11"期间，在天猫571亿元的销售额中，移动端成交量占比达到了42.6%，是2013年同期的4.5倍。仅一年多的时间，移动网购成为主流已是大趋势。

第二是各地不断劲吹的精装政策风。2013年，四川省住房和城市建设厅发布《关于加快推进成品住宅开发建设的意见》，提出要积极有序推进成品住宅开发建设工作，逐步扩大成品住宅建设规模。次年11月还下发《关于进一步加强成品住宅开发建设管理工作的通知》，提出从2015年1月1日起，争取通过5年的努力，全省新建商品住房中成品住宅开发建设比例达到60%以上。

第三是家装行业重新崛起。移动互联网时代的到来令家装行业开始借助互联网的方式和手段介入家装过程当中，而且在此过程中它们的模式创新得到金融资本的青睐。

李琦的判断是，电商和互联网家装的商业模式改变了整个行业，对过去区域垄断和不透明的经销模式形成强烈冲击。尤其是，小米在极致单品思维带动下的建材套装像一把利刃，正撕开传统销售方式的前沿阵地。

在李琦看来，华耐当时面临几大问题。

过于倚重单品专卖店模式，而且完全依赖线下。在互联网时代，这种模式将遭遇很大挑战，不符合互联网化的未来趋势。

在一次接受齐家网的采访时，李琦指出："在信息不对称、不透明的情况下，渠道商在实现时间和空间转移的过程中得到了发展；但在互联网时代，网络成为最重要的信息平台，无论是生产企业和商家的营销轨迹，还是消费的轨迹，甚至企业生产产品的态度都变得透明化，有力地支撑了对数据的精准分析、与消费者的互动和沟通，使精准生产、精准营销和精准消费成为可能。未来企业需要掌握更多的精准信息，找准细分市场里的消费群体，才能赢得更多的客户。就华耐自身来讲，我希望能够让消费者感受到华耐从门到门（华耐展厅到消费者家门）的全面服务。"

此时已进入 2015 年。李琦受命担任华耐家居总裁。在接下来的 3 年时间里，他将自己关于华耐转型的种种思考进行了实践。

有人说，贾锋选择在此时卸任华耐家居总裁一职主要是集中精力实施华美立家扩张性战略——他担任了后者的总裁职务；也有人说，此时的贾锋经历了两次攀登之后，对自我的认知出现很大变化，进行了很多反省，担心华耐出现"创始人天花板"的危机，因此选择让更富有进取精神又更稳健的李琦出马，闯出一条新路。这两种分析中，似乎前者更一目了然。

不过，他留给李琦的指导思想是"以增长促变革"，比当年四川省给自己定的目标高多了。后者认为转型成功就是最大的战略，为此可以不惜牺牲一些速度和规模："保证转型升级的成功是战略的成功，而保持总量位次不变只是战术上的成功。如果过分注重总量规模，可能在战术上能够暂时胜利，但贻误了转型升级的时机，造成战略上的失败就是彻底的失败。"

但是，谁说世上没有奇迹发生呢？

| 春天在哪里 |

2014 年，中国经济已进入"新常态"。这意味着 GDP 增速将从 2009 ~ 2011 年的 9% 以上，降为未来的 7% 以下。专家分析，这预示着国家将坚定不移地允许从高速增长转为中高速增长，推动经济结构优化升级，从要素驱动、投资驱动转向创新驱动。

这一年，经济增速降至 7.4%，为 24 年来的最低位。数据显示，内需依然乏力，产能过剩尚未得到根本缓解；通缩阴影挥之不去，下行压力很大。增速的持续下行无疑对过去企业的运行模式产生了深远的影响。

进入 2015 年，很多家居企业对发展前景不太看好，行业转型阵痛频频；市场遇冷，民众消费需求锐减；电商风起，渠道建设困惑迷茫。有人感受到了些许寒冷，也有人锻炼出了更加强健的体魄。

"谁说春来早，更有早行人。" 1 月 31 日，"谁的春天——中国家居建材首届行业高峰论坛"在广州盛大举行。这次会议的主办方是中国建材品牌发展联盟、中国家居品牌联盟、新浪家居，真正的幕后主角则是承办方中陶投资发展有限公司，因为成立于 2014 年 4 月的中国建材品牌发展联盟是由中陶投资发展有限公司发起，中陶 20 个股东企业共同组织成立的。

这次盛会聚集了家居建材业的数百家品牌企业，可谓台上台下大腕云集，充分展示了贾锋极强的资源整合能力和业内的实力与口碑。资源整合固然是以实力作为后盾，但若无口碑，也不会嘉宾如此云集。

会议请来了正当红的企业家、格力电器董事长董明珠为现场 500 位企业家打气。在论坛环节，唯美集团董事长黄建平问董明珠，企业如何做到 100 亿元，后者依然如故地霸气："任何一个消费者装修，买瓷砖的钱一定多过空调，你跟我请教如何做到 100 亿元，我没有兴趣。"董明珠反问黄建平："你有没有想过如何做到 1000 亿元？"

2014 年格力电器实现销售额 1400 亿元。董明珠坦言，制造业中存在的投机心态影响了行业的发展，"有一些企业因为长期的投机心理，总是想赚多一点钱，要把利润做大，往往就是这些企业带坏了我们整个行业"。她鼓励家居行业勇于创新，一定要有超前的设想，敢于设想，并站在消费者的角度考虑产品创新。因为，"只有真正的创造者才会拥有春天"。

董明珠的出现确实是当年家居论坛的一大亮点。相比之下，家电（白电）企业的格力的确是一座巍峨的高峰，只有站在那座山顶上看四周低矮的群山才会有如此清晰的认知，不但是"一览众山小"，而且对那些登山者的心态和行为看得更透彻。家居建材行业的企业经常将个性化作为行业的特点，又何尝不是想赚多一点钱的投机心理和挡箭牌？站在消费者角度考虑创新似乎知易行难，但从业者是否因为不容易就不树立高远的目标？

数据显示，2015年，中国建陶的市场规模在5000亿元，卫浴市场的规模在1000多亿元，而整个家居建材市场规模高达4万亿元，而且这些行业都在持续增长。这样的市场容量诞生出巨量规模的公司应该不是难事，除非行业领导品牌都安于现状、不思进取。

《北京商报》记者参加了"谁的春天"论坛和2月在上海举行的"新常态、新格局、新作为"家居业总裁论坛后，梳理出家居建材业应对"新常态"下的三大发展模式。

加速扩张。表现为：①渠道下沉，加速开店，如居然之家。②扩张品类，转型大家居，以大自然为代表。大自然家居董事长佘学彬的观点是："大企业、上市公司要反过来把握这次机遇进行拓展，说白了大家都不是小企业，只要把小企业的份额多拿一点就实现增长了。"

专业深耕。文章给出两个案例：①蒙娜丽莎董事副总裁邓啟棠说要深耕农村:"陶瓷行业可以实现渠道的差异化,2015 年将进一步深入三、四、五线城市布点,占领广大农村市场。"②TATA 木门继续选择专注专业。董事长吴晨曦透露,2014 年毅然砍掉了准备在木门外做的一个项目,重新专注木门,2015 年将强化渠道,钻研产品。

薄利多销。"很多企业认为,'大幸福'时代已是'黄鹤一去不复返',在'微幸福'时代家居企业面临的不仅仅是整体经济发展放缓的新常态,更有举着巨额资本对家居行业虎视眈眈的外行巨头,一个个打着颠覆的旗号来势汹汹。在这种环境下家居企业唯有主动降低毛利润,以薄利多销的模式获得发展机会。"(《北京商报》,2015 年 2 月)

严格来说,薄利多销不能称为模式,而"加速扩张"中的"渠道下沉"与第二条专业深耕中的蒙娜丽莎同属"渠道下沉",而大自然的选择可以单独列为"扩张大家居"。除此之外,还应加上欧神诺,它正在开辟精装工程路线。

这三个选项中,渠道下沉是这类渠道型企业的天然选项,即开店的持续冲动,这一点早在 2004 年开始华耐就已经实施,再加强就是增加产品品类和品牌的问题;至于大型精装工程,在 2009 年就已经再度强化,早已纳入华耐的营销体系;剩下来就似乎只有进军大家居一项了。

挺进大家居

2011 年,大自然将品类拓展到木门、橱衣柜、壁纸等领域。两年后定制家居业异军突起，全屋定制风兴起，而且行业增速惊人，令人关注。2014 年，定制家居龙头欧派发布"大家居战略"，从产品经营者转变为一体化家居解决方案提供者，提出为消费者提供一站式自主选材、个性化整体设计与全程管家服务的欧派全屋定制业务模式。而其他一些卫浴、瓷砖、定制家居等企业也纷纷兴起家居风。

2016 年年初，华耐正式在开年的高管动员会上提出"转型大家居"的战略。

按照公司的构想，华耐家居的销售门店让客户进店，并且实现了对客户的销售，就建立了初步的信任关系。这种关系的后续价值需要被更为深度地挖掘。这需要华耐拓展更多元的产品品类，且达到客户一次进店多种建材品牌消费达成的效果，实现客单价的提高，同时也满足客户省心、省钱、省时间的效果，最好能满足部分顾客拎包入住的需求，满足广度和深度的顾客需要。

另外，在技术手段层面，拓展线上电商的增量渠道，扩大与消费者的连接通道入口，线下门店通过引入 iPad 平板电脑辅助销售的方式，提升门店场景销售的转化效率，进而在华耐家居原有的建材零售门店体系进行整合营销，以达到提升整体门店销售的效果。

如此一来，大家居战略在华耐家居体系内部逐渐形成了清晰的升级路线图，并且匹配相应的执行路径和方法手段的储备。大家居战略就可以完成真正意义上的闭环。

后来，他们将这一时间点正式划分为"升级大家居服务业态"阶段：实体零售 + 互联网技术 + 家居服务。

战略迅速进入实施阶段。过去华耐只有瓷砖卫浴类产品，运作轻车熟路；现在业务品类是新的，渠道是新的，经营想法和干法也会有很大不同，肯定需要很多的新人，这意味着组织在快速扩张。

以增长促变革，意味着业绩目标的实现是头等大事，团队跟着指挥棒转。这意味着转型的弯道上提高速度，风险加大。踩不好油门，握不好方向盘，肯定就会有闪失。这意味着巩固好基本盘并保持增长是关键，毕竟那是高产粮区，规模在那里。

传统的瓷砖卫浴业务要想实现"新常态"下的高速增长，当时的两条主要路径为：第一，增加店面数量；第二，提高单店产出。在华耐的执行力下，后者的潜力挖掘殆尽，进一步的增长需要不断开店。这里面面临一个新旧的问题，要么开辟传统的品牌店面，要么开辟新品牌的店面。从熟悉度来看，前者更占优势，因此，在这个阶段，比如马可波罗的大店继续扩张，它的单店投资成本就是上千万元。即使是新品牌店，以华耐的江湖地位，不可能一个店一个店地开，而是一个区域（省级）一个区域地开。厂家会提出数量上的要求，因此华耐的前期投入自然不菲。

新的业务部门不断建立，为了追求业绩自然要有人。组织和人员的扩张带来了组织磨合难度加大、成本加大的问题，这些变成了沉没成本。

经过2015年一年的探索，华耐发现"大家居"固然遇到销售的难题，但尤为关键的是供应链的难题：你卖（或采购）得少，厂家不放在心上，你采购量多虽然有成本降低的好处，但销售却成为问题。何况由于行业涉及较多，一时之间竟发生别的厂家将库存问题商品兜售给华耐的现象，影响了华耐自身的声誉。

2016年是华耐大家居供应链服务战略的元年。根据大家居战略提倡的一体化多元产品服务的目标，更多品类产品的需求被提交上来，并反馈给供应链端的建材企业，进行供应链产品的整合。与此同时，更多品类的供应商的开发工作也在同步进行，诸如拓展喜临门床垫作为床垫产品的供应链合作伙伴，家电企业海尔作为家电产品新的供应链合作伙伴，等等。2016 年的华耐家居上下开始了紧锣密鼓的大家居供应链战略的升级之战。

有员工回忆那一时期整个华耐家居体系的工作状态，不约而同地用了"二次创业"来形容。整个团队的精神状态是向上开拓的攀登精神。目标一旦确立，大家不畏艰难险阻，向着目标登攀。

同时，组织与人事的调整也随之展开。由于涉及原有业务部门的销售产品的扩展，以及营销手段等的升级、各种类型的协同业务等，意味着总部的职能必须强力扩充。这个时期许多干部被抽调上来。华耐家居还整合了营销中心和品牌运营部等相关的组织部门，全面协调华耐体系大家居供应链的执行效率问题，在组织层面保障效率提升的落地可执行……

2016 年，华耐家居的整体营收依然保持稳健增长，利润却出现相当程度的下滑。这当然可以理解为前期投资性亏损。另外像电商这样的业务需要继续输血，远未到达盈亏平衡线。这一点不免让人着急。

时年 10 月，华耐家居新品牌 logo（标志）在京揭晓，新品牌 logo 包含蓝、绿、橙三色，以"华耐家居"中文名和"huanai"拼音组成，其品牌核心价值定位于"品质、轻松、品位、信赖"。在新的标志中，华耐品牌露出了笑脸，显然期望以更亲民的形象与顾客进行沟通与互动。

2016 年 12 月，贾锋依然在为变革加油。他在接受腾讯家居采访时指出，企业家要敢于挑战、冒险和变革："成功不会无缘无故地降临在一个人身上，一个企业家最重要的素质就是敢于挑战、敢于冒险、敢于变革。挑战强大的事物不但要有力量，而且需要一个成长的过程。当面临阻力时，拿出登山的勇气与意志，克服一切困难。永不退缩和细水长流是做企业的硬道理，中国家居行业需要改变，需要攀登精神。"

就这样，时间在忙碌和迷乱中进入了 2017 年。5 月，探索还在继续进行，整装事业部宣告成立。很多工作都是新的，很多人也是新的。市场反馈不佳的消息让团队感受到莫大的压力，投入的精力似乎没有换回预期的效果。虽然营收一直保持增长，但大量的成本消耗令整个公司的经营状况出现前所未有的"变化"。

这或许就是创新必然要面临的代价。2017 年 9 月 22 日，一个雪上加霜的消息传来：国家又开始新一轮的房地产严厉调控。之后，更多城市纷纷跟进，政策丝毫不见缓解迹象……

这一年 5 月，一个 40 多岁的男子站在 7000 多米的高原上，望着 8844 米的"世界屋脊"珠穆朗玛峰，进退两难。最终他毅然决然地做了一个重大决定。

第四节 ▲ 世界之巅

｜ 没有意外 ｜

有观察者分析，华耐这家企业非常有特点，乍看不起眼，接触久了就品出味道了。而且，这家企业一直不断进行着自我进化。

比如，攀登精神的形成和推进充满了持续进化的特点，后来竟形成一个"征无止境7+2"项目，真可谓"于精微处见雄奇"。

基于"7+2"项目的种种特点——不仅花费不菲，还有危险性、个人时间的消耗、影响职业发展等因素，华耐登山队进行了总量的人数控制。总共有20多个队员。除了几个主力队员基本不变，每年再从分部挑选几位新队员。这样，老队员带新队员，既能保证新队员的安全，又能给新队员讲登山的经验、故事、道理。

除了集团层面的华耐登山队，以及后来成立的青年登山队，华耐还要求20多个区域积极组织各自的登山队。他们可以登本区域的山，假如附近实在没有山，可以爬高楼。这些队员也要经过选拔且对总人数也会有所控制，毕竟登山要有一定的基础。即使这样，他们也不被允许攀登海拔太高、难度系数太大的山，以防出现安全事故。

　　华耐规定，青年登山队和这些区域的登山队队员如果想要入选总部登山队，需要具备以下条件：首先，做到一天一夜徒步八十公里不休息；其次，登上一座国内海拔五千米左右的雪山。因此，四姑娘山已被列为华耐登山队的训练基地，成为考验他们有无登山的毅力、体能和纪律的试金石。这样的选拔每年会进行一次，保证有兴趣的各级员工都有参与的制度通道。

　　"为了让所有员工都融入集团的登山文化，每年年初到各地举行训练营的时候，都会安排登山队队员分享登山的经历，播放登山的影像资料，介绍自己的登山过程和感悟。"贾锋介绍，"我们力求将登山精神往上走向世界，往下走向每一个员工，将塑造登山文化形成一个闭环系统。"

　　甚至，在贾锋对媒体流露的畅想里，未来可以组织一个国际家居行业的联合登山队，把全世界家居行业的登山爱好者组织在一起，这既是不同国家同行加强业务交流的手段，又是增进友谊、加强沟通、建立信任的一种方式。"我们出国去登山，可以到当地的家居行业协会拜访，到企业学习，他们愿意到中国来登山、交流，我们也非常欢迎。"（《中国企业家》，2015 年）

　　华耐"征无止境 7+2"项目进展得可以说异常顺利：第一站非洲乞力马扎罗峰 12 人全部登顶；第二站欧洲厄尔布鲁士山 10 人全部登顶；第三站南美阿空加瓜峰出征的 6 人中 4 人成功登顶；2015 年 7 月 14 日，出征北美洲 6194 米的麦金利峰的 4 人中，最终队长马建国和教练兼摄影师宋强荣耀登顶；2016 年 4 月 24 日，马建国、宋强、张颖光、王卉卉、贾庆贺成功到达北极点……华耐登山队的目标不是全部登顶：第一目标是安全，第二目标才是登顶。这两个目标他们每一次出征都一一实现，而且都是一次成功，没有意外，顺利得让人觉得难以置信。

"7+2"攀登计划的顺利推进，令贾锋对孙斌团队赞赏不已："他们是真正的专业。我们每一次发起登顶的时间选择都是最优的，这个节奏的拿捏体现了真正的专业精神。"他认为，极高的目标背后一定要有专业的团队予以支持，如果按过去的"土办法"上马，爬上灵山（不出事故）已属万幸，完成"7+2"的目标根本不可能实现。

值得一提的是，2016 年这一年，华耐还组织了三次雪山攀登。

华耐登山队青年干部分队组织了两次攀登四姑娘山的行动，分别于 1 月 19 日和 12 月 12 日，组织 10 人两次分别成功登上大峰和二峰。

另外一次则是在 7 月 24 日，为了获得攀登珠峰的入场券，华耐登山队组织了一次专项登山计划，贾锋、马建国、宋强、王卉卉、徐振杰成功登顶 7546 米的慕士塔格峰。

两天后，贾锋和其北大校友队也一举登顶。看来，他在为攀登世界第一高峰进行积极准备，那可是地球人都梦寐以求可以参加的终极挑战！

除了以这种具体的活动激发大家的攀登精神之外，在文化的落地方面，华耐还在内部设立了攀登杯，用以奖励在业绩方面有突出贡献的部门和个人；同时，自 2009 年以来的业绩竞赛文化一直在继续，这种相互间的竞争一方面激发了大家力争上游的动力，另一方面也让团队意识在每个员工心中深深扎根。

徐振杰是北京销区华耐总店整装副总经理。因为华耐，他爱上了登山这项运动。在 2013 年成立华耐登山队时，他报名但没有通过，后来成为北京登山队的成员。2014 年华耐登山队远征非洲，即将登上乞力马扎罗峰的那天，他和北京登山队的几名伙伴再次踏上灵山之旅。和2012年那次一样，同样是冬天、同样是大风天气，但由于这次防护做得好，总体上比较轻松。虽然中途有一个女孩体力不支，但经过集体努力大家一起登上了山顶。

在他看来，攀登凸显的就是一种团队精神，很多时候一两个人上不去，但靠着团队的积极鼓励、共同努力就可以到达山顶。他的体会是："严酷的环境带来更多的启发，这是攀登的目标，苦能励志，可能带来自我超越，登完雪山就没有什么困难解决不了了。"

后来，经过积极的训练，徐振杰终于成为华耐登山队的一员，于2016年7月参加了海拔7546米的慕士塔格峰攀登之旅并成功登顶。现在，他给自己的目标是每年登一座5000米以上的雪山。

在华耐，每逢较大会议，组织者们都不忘专门安排一场户外训练活动。当然，在不具备爬山条件的时候，则会安排长距离徒步。北京销区欧神诺品牌部总经理董少军至今依然记得2018年半年度会议、170多人在张家口滑雪场30公里山地徒步的情景。当时队伍被分成10多个小组进行团队对决。走到20公里的时候大家的体力透支已经非常严重，但团队间相互竞争，团队内互相帮助，真的就到达了终点。

他感慨："在华耐，不仅仅是老板说了一句话大家去行动，而是包括贾总在内的高管们都和我们一起在团队里面。在这个过程当中，比你职位高的，比你年龄大的，没有人说要放弃！包括登珠峰，老板也在身体力行地参与……"

┃ 挑战珠峰 ┃

在中国企业家里，王石登顶珠峰绝对是标志性事件。2003 年他登顶珠峰的消息震惊了企业界。之后，登山渐成企业家圈里的一种时尚。有人甚至戏称，对企业家而言，珠峰在他们心中的地位一如耶路撒冷之于基督徒，麦加之于穆斯林，总觉得有生之年能去那么一次，人生无憾。

之前，贾锋对王石的行为并不理解。　次四姑娘山之行卜来，他似乎明白了："中国的企业家在物质财富达到一定程度之后，就会处于比较迷茫的阶段，会迷失方向。这时候就会出现分化，或沉溺于古董、收藏，或热衷奢侈品牌，而王石和黄怒波的登山行为，则是一种新的方式，通过磨砺意志和精神，提升气质，追求新的生活。我认为这是最进取的企业家的代表！"

2016 年 6 月 29 日，在孙斌的推动下，"力量·运动中的企业家精神"主题论坛活动在北京举行。会议邀请贾锋与登山界著名女企业家——探路者联合创始人王静等进行了对话。在王静看来，登山和企业的管理是两件完全不同的事情，可是这里面的精神气质和做事的态度是相通的。所以，这两件事情都是你必须要有目标，要坚持，要有信念，而有了这样的信念以后，你才能够持续地专注地去把一件事情完成。

王静回首了自己的登山历程，坦言不是因为体能、技术多强，而是这个团队有一个信念，我们能够到达山顶并安全下来。她在一出发的时候就给自己设定死目标：必须要活着回来。

贾锋则认为，其实登山对于很多企业家来说，是在寻找一种力量，在磨砺自己，是对自己心智的挑战、训练、磨砺，或者是在暗示自己、提醒自己要有一种很好的状态。

他进而谈到企业家"危机感"这个话题："在企业运行很正常的时候，企业家其实更需要有危机感。"他们在对话的时候，中国企业家登山的先锋王石和他的万科正陷入"野蛮人"宝能的进攻，事件闹得沸沸扬扬。对此，贾锋表示："王石、郁亮已经直面过生死，相信不管这个局怎么解，他们都有这种克服困难的勇气和精力。"

其实，哪个企业家不会遇上一些坎呢？关键是他拥有什么样的勇气、态度、毅力来面对风险和困难。著名企业家冯仑也曾说过，企业家创业像登山："你知道顶在哪里，起点在哪里，路上的具体情况并不知道；你知道山上缺氧，但是缺到什么程度，你的身体如何反应也不能完全知道，必须上到那儿了才能知道。所以必须做好准备。每一步都可能发生危险，得一步步爬，爬到一半的时候可以稍稍松口气说'过去的路，我知道了，但未来的路仍不可知'。"

或者，这是贾锋最终决定踏上挑战珠峰之行的原因。

2017 年 3 月 31 日，主题为"致·高点"的华耐家居攀登珠峰启动盛典在北京 798 艺术区举行，华耐宣布"征无止境 7+2"全球挑战的第六站即将启动。这一次除了前五次均顺利登峰的两员大将马建国和宋强，贾锋和一个"90 后"姑娘王卉卉赫然在列。后者去年才开始攀登，在 2016 年 4 月挑战北极的征程中表现出色。

很多人为贾锋送行。除了心里沉甸甸的华耐数位高层，还有时任中国建筑卫生陶瓷协会常务副会长缪斌、全国工商联家具装饰业商会执行秘书长张仁江、中国建筑装饰协会厨卫工程委员会秘书长胡亚南、中国家居品牌联盟秘书长孙迎秋、中国建材品牌发展联盟轮值主席吴瑞彪、完成 10 座 8000 米以上山峰的女登山家罗静及著名登山家罗彪等人。

大家除了祝福，更多是关心。此行的目标毕竟是世界之巅，他们知道贾锋除了工作还是工作，平时体育锻炼很少。这样的基础能否适应珠峰的环境？正如中国建筑装饰协会厨卫工程委员会秘书长胡亚南说，每一次华耐登山队的出征，都牵动着很多人的心。

不过，贾锋倒是很坦然。他说："我不敢奢望自己能够登顶，但是我想，我们要有勇气去面对攀登巅峰过程中的困难，也要有勇气去面对自己可能上不去的现实，就算是没有结果，我也要去努力争取。"

他重申自己的观点，攀登是对一个人的目标、勇气、毅力的深刻考验。"攀登精神"犹如华耐的企业箴言：引领华耐人在企业发展与员工成长过程中，努力迈开自我实现的步伐，无惧成长。将自我挑战付诸行动、将攀登精神融入血液，永不止步，勇攀高峰。

在孙斌看来，仅用了3年的时间，华耐登山队就从原来的一个不了解登山的菜鸟队进化为可以攀登珠峰的专业队，这本身就是一个里程碑。从他的角度，当然期待贾锋在此基础上再创一个里程碑，在他看来，那是关乎贾锋个人的巅峰成就。

攀登一次珠峰前后需要的时间大约为一个月。受限于每年攀登季短暂的时间窗口，攀登计划必须循序渐进地进行。5月，珠峰又一次迎来了登山的窗口期。华耐登山队队员以及教练一行4人于4月5日从北京集结出发，两天后抵达尼泊尔卢卡拉（Lukla）小镇。

从卢卡拉到珠峰大本营南坡是一条世界著名的徒步攀登路线EBC（Everest Base Camp，珠峰大本营），这里不但可以看到全世界14座8000米雪山中的4座，还可以看到3座高度略矮，但形状十分美丽的山峰，以及大小不一的几十座高山，真可谓群峰来朝，峰头汹涌，波澜壮阔，风景绝美得令人震撼不已。

当然，华耐登山队并非因享受而来。他们的目标是登顶，因此选择了更为稳妥的方式：为更好地适应海拔，先花了 8 天时间徒步近 70 公里，从海拔 2855 米的卢卡拉抵达海拔 4900 米的罗布切（Lobuche）营地。4 月 15 日凌晨 2 点出发，原计划冲顶罗布切峰（海拔 6200 米），因大雪被迫停留在 5300 米的营地，次日终于登顶成功。4 月 17 日，他们又经过 6 个多小时的艰难跋涉，终于抵达海拔 5380 米的珠峰大本营。

至此，华耐登山队已经花去两周时间，途经两个国家、七个城镇，跨度达 5000 多米，徒步上升 2000 多米，途中还穿插多次高原适应性训练、专业的登山训练，并成功登顶海拔 6145 米的罗布切峰。这一切都只是为成功登顶珠峰做的准备，未来他们要在珠峰大本营周边的冰川进行训练，随后会逐步攀登 C1、C2、C3 高地，为登顶珠峰做最后的准备训练。C1、C2、C3 虽然是代号，海拔高度却是惊人的，尤其是 C3 高地，海拔已经达到 8000 米以上，那是华耐登山队从未到达过的高度！

"想放弃很容易，难的是坚持！"之前，回忆起登顶四姑娘山的途中，贾锋曾坦言他曾无数次想到了放弃，"坚持与放弃，成功与失败，就在一瞬间！"坚强的灵魂与疲惫的肉体在冲突着，一种"生不如死"的纠结几乎伴随了他全程。

在攀登珠峰的过程中，死亡这个话题似乎再度升级。他们曾经路过玛尼堆群，每个玛尼堆都代表一位珠峰遇难者；他们经过一座喇嘛庙认识的几个人，最后留在了雪山上，其中包括登山界的传奇英雄、世界顶级速攀运动员乌里·斯特克（Ueli Steck）——当时，华耐登山队的队员们正从 C3 营地下撤到 C2 营地，而乌里的坠落点就在 C2 营地旁边。事后他们才知道此次攀登凶险无比。在 C4 营地即将冲顶的时候，总领队孙斌观察了天气情况，果断决定延迟一天。这一决策相当英明，因为另外一支队伍就因为继续前行而有几位队员倒在最后登顶的路上。

在事后接受采访时，贾锋坦言，虽然生老病死很常见，但总感觉和自己关系不大。当你真正穿上登山装备，开始攀登雪山，去寻求被大山接纳的那一刻，遇到每一次的死亡事件，都有种莫名的感触，仿佛瞬间死神就和自己十分接近。

他形容，当置身登雪山的队伍之中的时候，"感觉自己就是一只动物，和那些老鼠、老鹰没有什么本质区别，似乎只有登上顶峰这样一个目标"。这种体验让他很不舒服。在罗布切营地，晚上睡不着的他看了一夜的书。对他而言，肉体的折磨固然消耗着意志，但重要的是，他已经深度体验了人类的渺小——在那种极端环境下，你都没有资格和大自然谈条件。但那又怎么样呢？

人类要和动物比较吗？他贾锋要与那些探险家对标吗？在珠峰大本营，他想了好多。而来自公司的一些消息不断传来，让他不得清净……他不是个像王石那样可以放下一切的企业家。这一点他承认。他甚至从来没想过要征服珠峰，只想通过这个过程认识自己。

后来，他终于想明白了："我的使命不是（登珠峰）这事，而是攀登企业（华耐）的山峰。"

第二天，贾锋向大家宣布了他的决定，不再继续前行，请其他3 位队员代表华耐和登山队继续接下来的艰难之路。他本以为宣布这个决定很容易，但后来发现同样艰难无比，因为他看到整个团队无比震惊的表情。无疑，他不是一般的队员，他的决定会对整个登山队的士气造成相当大的打击。

教练孙斌在评估了贾锋的身体状况后，认为他的"硬条件"没有问题，鼓励他放开去尝试一次难得的挑战。他以数次登顶的经验告诉贾锋，前行路上虽然也会有些风险，但都属于正常的、可预知的风险。

大家围成一堆在集体开会。贾锋一言不发。登山队成员不敢再为难他了。只有孙斌这个时候敢于挑战他，他当着登山队员的面撂出一句狠话："这个时候没有特殊情况放弃，你就是个懦夫！"

面对大家的不理解，贾锋只是笑了笑，转身离开。

跟随华耐登山队一同攀登珠峰的还有一位自由登山者Sabrina（人称Sa姐），她与华耐队员有过几次偶然碰面，后来有数次一起登山之谊，与登山队的许多成员成了好朋友。她在现场留意到，离开人群的贾锋泪水夺眶而出……

这一次，贾锋没有丝毫犹疑，迅速安排下撤。他从大本营直飞孟加拉国机场，然后转机直飞国内：那里有他放不下的公司、员工和事业梦想……

5月22日凌晨4点25分，经过40多天的征途，华耐登山队在队员马建国、宋强、王卉卉艰苦卓绝的努力下，顺利地将华耐的旗帜竖在8844米的万山之巅——珠穆朗玛峰上。

｜ 心存敬畏 ｜

如今，作为华耐家居的重要合作伙伴、老朋友，乐华家居集团董事长谢岳荣谈及贾锋的珠峰之行，颇有感触："当时几天没有办法联系上贾锋，大家只能在后方等消息。"谢岳荣道出了当时的心情：

"当时华耐家居需要贾锋，华美立家也需要贾锋。"作为华美立家的投资人之一、作为华耐董事长和实际操盘人的贾锋去登珠峰，对于投资人来说是一种风险。

"这在上市公司是要影响股价的。"谢岳荣不忘调侃下贾锋，因为他知道后者当时已经做了一个非常正确的决定。

那个时候，2015 年开始的华耐大家居战略落地已经两年多，大规模成本投入，迅速扩展多元产品，大量招聘人员，进行各项制度改变……种种措施实施下去，表面上业绩还在增长，可似乎已到强弩之末：希望提升华耐传统销售门店效率的战略升级没有取得理想中的效果，各项成本居高不下，利润被不断蚕食……彼时彼刻，作为公司董事长的贾锋内心感受到的是比登珠峰更大的压力。

孰轻孰重似乎一目了然，但大家的观感却不是那回事。毕竟出发的时候轰轰烈烈，团队凯旋的时候那个最重要的人深夜站在机场迎接人群的行列。贾锋在决定下山的当天就离开大本营下山，回国后直接投入忙碌的工作中了。

6 月 2 日，"致·高点"华耐登山队登顶世界之巅——8844 珠穆朗玛峰荣耀凯旋盛典在北京成功举办。现场邀请了数十家国内权威媒体，3 位从珠峰凯旋的华耐英雄是这次盛典的主角，分享了问鼎珠峰的心路历程，诠释了华耐登山队对于"永无止境"执着向上精神的内核。

此时的贾锋由衷地为三位队员高兴与自豪。他表示，华耐登山队 3 位队员成功登顶珠峰，对每一位华耐人都产生了强大的振奋力量，让他们对未来充满信心。末了，他不忘补一句："我个人的梦想就是想让每个有梦想的人都有机会实现它。"

他说的是真心话，但有些话还是没有说出来。后来，在品牌部的建议下，贾锋还是接受了几家媒体的采访。面对媒体，贾锋坦承自己平日的训练准备工作不足，他认为这是实现目标的重要前提，尤其是面对珠峰这样的世界级目标，更不能心存丝毫侥幸。而到了珠峰之上，身体的强烈不适让他更确信这一点，因为几乎无法入眠。显然身体对高山的适应没有呈现较好的状态。他重申，这是个相当理性的决定，即使现在重新选择一次，他依然会"量力而行，止步于前"。

面对新华网的记者，他同时承认，攀登珠峰意味着将近两个月无法工作，需要孤注一掷的勇气和全部身心的投入，他仍割舍不下企业管理和运营。这次经历也让他更清楚自己的目标："相对于攀登珠峰，企业才是我一生要登的山。"

珠峰归来的贾锋还意识到"唯有敬畏生命，才能做好企业"。他指出，正能量可以激发斗志和勇气，但同时也要能为结果负责和担当；在大山前不能太任性，"要有严密的组织性和详细的计划，切忌盲目强调人定胜天"。

"成功是多因素的，不能完全归功于个人能力，这里边也有运气的成分；同样，当遇到挫折的时候，也不能妄自菲薄，也许只是一时的时运不济，要学会调整心态和创造机会。"贾锋对记者强调说。（《贾锋：企业是我一生要登的"山"》，新华网，2017 年 6 月）

无论如何，华耐登山队已经到达巅峰时刻。相比起来，接下来的 3 个项目（大洋洲的查亚峰和南极洲）似乎都属于"观光"性质。然而，始于 2013 年的华耐转型升级之战（其中尤以 2016 年以来的大家居战略为最）也似乎到达了贾锋的"珠峰大本营时刻"。内部越来越多抱怨声、警告声和质疑声，照此趋势，在市场份额和利润之间，华耐将面临艰难抉择。

李琦和贾锋进行了数次沟通，他们的共识是，大方向是没问题的，但在操盘过程中，扩张的速度比较快，主要体现在一些资金投入和组织的扩张上。

由于 2014 年下半年国家又开始放松房地产政策，2015 年继续放宽，无形中为华耐的变革转型提供了良好的土壤。华耐高层的判断是，家居建材行业未来应有 5 ~ 10 年的良好市场发展机遇。如果照此判断，李琦认为，"行业不发生变化，新型业务转型成功，带来的利润是足够的"。但是，2016 年 10 月前后，不妙的信号开始出现，为抑制房价过快上涨，北京、广州、深圳、苏州、合肥等 20 个城市先后出台楼市调控政策。

在珠峰之上，贾锋就已经感觉到，做决定的时候到了。他对市场的反应极其敏感，对于即将到来的风险似乎颇有预见。2017 年 7 月，在上半年经营总结会上，李琦向出席会议的高管和股东们做了深刻的自我检讨，反思了战略落地过程中执行上的各种问题，开始着手进行宏观层面的调整。

2017 年 6 月，在迎接珠峰归来的华耐登山队员的凯旋盛典上，人们已经留意到，贾锋不再兼任华美立家的总裁。从下半年开始，贾锋的工作重心重新回到华耐家居，叫停了一些即将上马的投资项目，开始了一系列的调整和优化。2018 年年初，贾锋重新兼任华耐家居总裁，确立了运营效益优先的原则，果断地关掉一些成本较高且收益较差的项目和投资。整合、裁撤不能带来业绩增长的业务部门，包括之前发展迅猛的电商业务也不得不进行调整和瘦身。这事实上宣告了对电商和互联网的探索进入低潮期。

很快，贾锋在公司内提出了"瘦身计划"，果断调整大家居发展的节奏。事实证明他的决策是对的。2017年9月22日开始，楼市又迎接来了新一轮的密集调控，经历了限购、限贷、限价、限商、限售等一系列措施洗刷；2018年，楼市调控继续加码，环保又刮风暴，家居建材行业一片哀鸿，除定制家居行业和一些规模型企业保持增长之外，建陶行业承压最重，2018年有上百家建陶企业倒闭。

商务部与中国建筑材料流通协会定期发布"全国建材家居景气指数BHI"。自媒体"家居市场"载文分析："自2010年至今，全国建材家居市场走势逐年走低，至2017年触底（近年最低值出现于2017年），2018年表现出L形底部趋稳状态，也就是说'经济下行压力增大，外界环境变坏'。"

调整的决策是对的，但其带来的痛也是明显的：店面的裁撤带来业绩的相应下滑，尽管华耐采取了各种措施，但仍然在厂家那里引发了抱怨。这还可以通过积极的沟通达成谅解。投资的减少、部门的裁撤立即引来不少员工主动或被动的流失，令人痛心。监事长李枝娥谈起这些就叹息："我们经过多少培训、花了多大代价培养出来的人才离开了，他们会到哪里？可能会到华耐的竞争对手那里去……"

惋惜是必然的，但理智也要战胜情感。正如贾锋之于珠峰一样，华耐或许需要放慢一下节奏，进行一些迂回，重新审视前进的方向，进行周密的准备与计划，来年再踏上攀登之途。目标需要挑战，需要坚持，但同时也要对自然规律心存敬畏；人们需要精气神，需要坚持和勤奋，但同时也需要安全、科学和专业，甚至还有那么一点运气。所谓攀登的旅程，绝不是直线向上，而是在起起伏伏甚至迂回曲折中前进，当你觉得胜利在望，可能遇到冰缝、暴风雪，当你看不到目标心生绝望时，只要一步一个脚印地向前向上，某时某刻，成功就在眼前。

"最后，我只低头看路，不再遥望那不可及的顶峰。我知道只要向前多走一步，生命就会有新的高度。那一刻，我猛然发现，做企业就是在登山。成功没有捷径，只有脚踏实地，走好每一步，才有可能到达顶峰。

"渐渐地，我也不知道自己走了多久，但再抬头的时候，我发现山顶就在我眼前，一触即达……"（《中国企业家》，2015 年 1 月 ）

这是贾锋 2015 年两次登雪山后的分享，更能反映他 3 年后的心境。同样，这一次他真的不知道自己要走多久，或许再次抬头的时候，又一个山顶就在眼前。

第三章

不令而行

第一节 ▲ 品牌上行

| 集体想象 |

华耐几乎是一不小心步入了登山界。

没有预知，没有太多规划，甚至可能是贾锋被围绕在身边的人"误导"了，竟然从灵山到雪山，再到具有相当挑战性的"7+2"项目，一路三级跳，竟直接跳到极限登山界去了。

在很多聪明的、务实的企业家或者专家看来，一来贾锋因为工作原因很少登山，非要整个攀登出来，老板这一关就是个问题，毕竟他是企业文化的核心"发言人"。二来华耐本身是家居建材行业的流通商，这些跟登山有什么关系？产品没有关联，营销结合不上，登山人群也不一定是其潜在顾客，究竟对业绩有什么用？三来登山这种运动很受时间、地点、条件的限制，人群虽然在不断扩大，但相对还是小众人群（遑论极限登山了），员工参与受限制，让顾客参与更艰难，究竟是想影响谁？

这些分析看起来挺有道理。然而，换一个角度呢？

花了 6 年时间，耗资数千万元，坚持到 2019 年年底"7+2"项目进行完毕，这样的坚定、坚持、坚韧岂能用一个"误导"了之？是否太小看贾锋了？用一句"向来有始有终"来概括是否显得有些轻描淡写？

再来回应一下上面的三点质疑：第一，老板没时间就不可以搞？"90后"们喜欢就好了啊！有的人因为热爱，所以行动；或者贾锋是因为相信，所以攀登，这又有什么不对？第二，华耐做什么与登山有什么必然关系吗？难道企业文化建设一定要关注那么多层面并与之有强关联吗？一定要对业绩提升"有用"吗？照此逻辑，企业文化本身——在相当一部分人看来——被认为很"高大上"，但同时又是"无用的"。第三，这本就是一个企业文化行为，只要有故事、有精神传递、有共鸣、受认同就行了，一定要大多数员工参与吗？为什么要让顾客参与呢？

近年来，人们开始关注"无用之用"这句话，它出自《庄子·人间世》，意思是没有用的用处，才是最大的用处，"人皆知有用之用，而莫知无用之用也"。

在《人类简史：从动物到上帝》一书中，天才的以色列历史学家尤瓦尔·赫拉利将文化定义为"人造的直觉"："人类几乎从出生到死亡都被种种虚构的故事和概念围绕，让他们以特定的方式思考，以特定的标准行事，想要特定的东西，也遵守特定的规范。就是这样，让数以万计的陌生人能遵照着这种人造而非天生的直觉，合作无间。这就是'文化'。"

他同时在书中指出，任何大规模人类合作的根基，都源于某种只存在于集体想象中的虚构故事，也就是说，并非客观现实，我们相信某种秩序，是"因为相信它可以让人提升合作效率，打造更美好的社会"。

他说了两个关键的词："集体想象"和"相信"。这和人们对企业精神的定义似乎颇为相像："企业精神是企业全体或多数员工共同一致、彼此共鸣的内心态度、意志状况和思想境界。"这背后的"共同一致""共鸣"背后就是一种相信了的"集体想象"。

现代哲学告诉我们，物质决定精神，这是一种客观存在。然而，精神对物质的强大作用力已使其成为地球的统治者。同样，对一个组织而言，强大的企业精神可以极大地激发每一个个体的力量，他们彼此协作，就能创造出巨大的物质和精神文明，成就一个伟大的组织。正如美国著名管理学者托马斯·彼得所说："一个伟大的组织能够长期生存下来，最主要的条件并非结构、形式和管理技能，而是我们称为信念的那种精神力量以及信念对组织全体成员所具有的感召力。"

当然，如果恰恰相反，一个组织、社会乃至国家缺乏了这种集体想象，那就是分崩离析的开始。历史上，这方面的案例比比皆是。

当然，既然是集体想象，那么就需要在个体的选择之上，进而形成企业个性。人类不是猴子，而是高智慧生命，人类不可能给点食物就会满足，相反，我们有选择的权利。那么，这种集体想象如何形成呢？比如，华耐意图将攀登树立为企业的精神，难道它就真的成为华耐的精神了吗？

事实上，无数管理学者研究认为，企业精神是可以塑造的。

比如，学者们指出，企业精神主要表现在坚定的目标追求、强烈的群体意识、正确的竞争原则、鲜明的社会责任和可靠的价值观念及方法论。如果套用在华耐攀登精神的塑造上，"坚定的目标追求"是显而易见的——"征无止境7+2"项目，天下企业无出其右；"强烈的群体意识"——攀登虽然是小众的行为，但经过6年多的渲染与渗透已在员工心中埋下记忆，况且华耐骨子里面的创新意识、竞赛机制和成长过程与攀登的精神并无二致；"正确的竞争原则"——华耐打造了"公平、公正、公开"的企业环境。

那么，"鲜明的社会责任"呢？表现在华耐不但努力尝试多元化的激励分配制度，更在一个公司组织内"努力探索社会进步"。

这一点在贾锋身上表现明显。他身上洋溢着老子所说的"善用人者为下"的风格，甘于卑下，谦虚博大——虽然有时候表现出固执。正所谓"圣人无常心，以百姓心为心"。华耐之所以人才济济，就是因为善于分享，有以人为本的仁厚之心。如果一个领导人狭隘、自私，怎么将人心聚合起来？

"可靠的价值观及方法论"：无论早期的"诚信、服务、合作、创新"，还是升级后的"乐于奋斗、勇于担当、共赢分享、至诚合作、持续创新、成就客户"，华耐的价值取向是笃定的、坚定实施的，绝对不是挂在墙上的装饰品。为了让员工们"乐于奋斗"，他们不但导入了"向红军学习"，还继续升级为更具时尚特质的"攀登精神"，并在内部实施了一系列的"勋章文化""关爱文化"等企业文化建设内容，拥有了一整套内部践行的方法论体系。

在这两者的关系上，企业精神是企业文化的核心，而企业文化则是企业的灵魂。学界的观点是，企业文化包含三个层次：物质文化、制度文化和精神文化。三者之间，"物质文化最为具体实在，属于表层，构成企业文化的硬件外壳；制度文化是观念形态的转化，成为企业文化的支撑；精神文化则是观念形态和文化心理，为企业文化的核心。企业精神文化是企业文化的精髓，它主导着企业文化的共性与特性，主导着本企业文化的发展范式。精神文化通过制度文化来表现，支撑着企业员工的行为"。

说起来有趣，这种划分的方法后来被应用到企业竞争力的研究上。兰德公司是当今美国乃至世界最负盛名的决策咨询机构。它的一项企业竞争力研究发现，企业的竞争力分为三个层面：第一是产品层，包括企业产品生产及质量控制、服务、成本控制、营销、研发能力；第二是制度层，包括结构平台、内外环境、资源关系、运行机制、规模、品牌、产权制度；第三是核心层，包括企业文化、企业形象、创新能力、差异化个性化的企业特色、拥有卓越的远见和长远的全球化发展目标。

这份报告旨在强调，所谓的核心竞争力在核心层，就是企业文化。这一点似乎与美国《财富》杂志的观点一致。2004 年，该杂志曾在卷首语中写道：没有强大的企业文化，没有卓越的企业价值观、企业精神和企业哲学信仰，再高明的企业经营战略也无法成功。

该杂志在另一篇题为《什么使公司出类拔萃》的文章中更是得出结论：最能预测公司各方面是否优秀的因素是公司吸引、激励和留住人才的能力。公司文化是它们加强这种关键能力最重要的工具。

核心竞争力的研究是企业文化乃至企业研究的进一步深化。两者均有一个重要的前提：创造独一无二的企业个性。文化必然是个性的，抄来抄去没有用，画虎不成反类犬；核心竞争力也必须是个性的，从组织角度是认同的需要，从品牌角度是识别的需要，从战略角度是差异化的需要。文化是竞争对手最难模仿的部分，越模仿越缺乏个性和号召力。

从这个角度看，攀登精神的实践比起创业初期懵懂的关爱（1.0版本）、向红军学习的系统化复制（2.0 版本）往前迈进了一大步，标志着华耐的企业文化建设进入 3.0 阶段，即个性化创造阶段。

| 全球首创 |

刚开始，华耐登山队只是称自己为"家居行业首支登山队"，这是确凿无疑的。

然而，随着对攀登的深入了解，他们才发现所谓"极限"的含义。这项运动 1997 年才由一位俄罗斯人探索完成，后来的 13 年间全球范围内只有 13 个人完成这项壮举。也就是说，这项运动属于全球顶尖级的，一旦完成可以傲视天下。

西方人追求个性和自我价值实现，伴随着资本主义的兴起，冒险精神被大力追捧和弘扬，因此，他们往往是各种极限运动的发明者和拥趸。而国人受传统文化影响，绝不拿生命开玩笑。

从企业角度，由于这种运动普及率极低，且可参与性也很低，因此，不会考虑赞助此类行为或具有影响力的人物，企业领导人基于个人偏好爬爬也就算了，组织登山队似乎是不可想象的。翻遍百度和谷歌的搜索引擎，你看不到华耐之前有企业登山队的记录。

因此，华耐登山队可以说一不留神成为全球首创、世界第一。虽然没有人为他们颁发牌照。

2003 年王石登顶珠峰让企业家群体参与极限攀登运动进入公众视野，但他的行为纯属董事长私人之举。他虽然是最早完成"7+2"项目的中国企业家，但人们津津乐道的还是他的珠峰之举。

在此之前，"7+2"更多属于专业登山团队的探险范畴；在王石之后，"7+2"开始在企业家的小圈子里扩散，商业攀登行为急剧升温。

2005 年，国家登山队队员王勇峰、西藏青年次落和记者刘健宣布完成"7+2"。据说当时全球只有 5 人，他们一下将名单增加到 8

人。2010 年王石完成"7+2",后继者郁亮和张朝阳直接选择了攀登珠峰。2011 年一位具有诗人气质的企业家——中坤集团董事长黄怒波花了近两年时间完成"7+2"项目。

中国向来是巾帼不让须眉。2003 年起,酷爱户外运动的"地产女王"、今典集团执行总裁(现联席董事长)王秋杨开始雪山之旅。2010 年也完成了"7+2"目标(她于 2012 年出版书籍《自由呼吸——王秋杨"7+2 探险"全纪录》)。

另一位传奇女性则是探路者联合创始人、董事长王静。她 2007 年接触雪山后,疯狂地爱上了这项运动,5 年内爬过 7 座 8000 米以上的山峰。2014 年开始,她用了 143 天的时间创造了世界登山探险"7+2"最短时间纪录。2013 年和 2016 年,王静分别出版了两本书《静静的山》和《静静致极》,分别描述了这两个阶段的故事。

以上是国内企业界的典型记录。可见,商业攀登领域几乎全部为企业家的个人行为。由于"7+2"项目的风险性,为了保障安全,需要购买专业的装备、聘请专业人士甚至团队提供训练与保障服务,因此,"7+2"的任何一个项目下来,都耗资不菲,令许多普通人望而却步。因此,资金用在企业家的个人身上,塑造其形象也在情理之中。

像华耐这种成立企业登山队,直接将目标对准"7+2",不但意味着费用剧增,员工也有流失的风险。因此这种做法往往不会成为精明企业的选项。

企业家往往是偏执狂,独辟蹊径地走出一条创新之路,往往能收到意想不到的效果。华耐登山队就是这种情况,成立这样一支队伍鲜明而执着地烙上贾锋的团队执念和华耐的团队文化,不但将企业的精神建设一举推高到全球高度,而且无意当中创造了一个独一无二的心理认知和形象定位。

20 世纪 70 年代，美国著名营销专家艾·里斯（Al Ries）与杰克·特劳特（Jack Trout）在合著的《品牌定位》（后翻译成《定位》）中告诉我们，消费者的认知资源是有限的，只能接收有限的信息。他们喜欢简单，讨厌复杂，因此，产品、品牌和企业必须创造独特的差异方能被记住。该书提出一系列创造差异的法则，其中第一条就是"成为第一"。一个企业只有在它这个行业成为第一，打造行业第一的服务或是占据第一的位置，才能牢固地树立第一品牌的形象。

尽管无意树立这样的形象，但华耐登山队具有行业乃至中国（甚至全球）独一无二的位置，即事实上做到了第一，因此，在传播上它才具有如此强大的势能。

这一点在 2017 年华耐攀登珠峰时表露无遗。随着成功登顶的消息传来，不但行业振奋，向华耐祝贺，近百家媒体也纷纷关注报道。新华网评论说："2013 年华耐家居组建了中国家居行业唯一的企业登山队、全球唯一以企业命名的登山队——华耐登山队，填补了中国首个由企业组建登山队的历史空白。"《新京报》认为，华耐登山队"将乐于奋斗、勇于担当的'攀登精神'融入企业内核中，通过'攀登'行为给予品牌力量、给予员工信念，在不断挑战自我中铸就华耐风范、引领家居行业变革潮流"。新浪家居载文指出："华耐家居在'攀登精神'理念的推动下，不仅构建了企业层面的精神符号，更树立了中国家居行业文化的标杆，通过'攀登'行为给予品牌力量、给予员工信念，不断续写行业新征程、新高度。"

可以明显看出，此时的华耐仍然偏重于在行业内的传播和形象打造。此时的华耐登山队虽然被人称为"全球首支企业登山队"，但在传播上显然并不广泛。即便如此，作为事实上的存在，华耐登山队已经实际拥有独一无二的位置，无论是行业第一、中国第一还是全球第一，华耐登山队已经可以锁定第一的位置，拥有广阔的塑造空间来强化其企业和品牌形象。

用句时髦的话来形容就是，攀登精神已经成为华耐具有丰富内容和独特标识的 IP。

IP 是 Intellectual Property 的缩写，字面意思为"知识产权"，现在特指具有长期生命力和商业价值的跨媒介内容运营。一个具有可开发价值的真正的 IP，至少包含 4 个层级——被称为 IP 引擎，分别是价值观、普遍元素、故事和呈现形式。

假如我们对应财经作家吴声的《超级 IP》这本书给出的定义与分析，会发现攀登已具有超级 IP 的特质："超级 IP 的确是这样在持续的转移中崛起的——IP 存在的理由是内容持续运营，每一个差异化具象的动作都是真实的内容建设。反差越大，越能成就 IP 的独一无二。"（吴声：《超级 IP——互联网新物种方法论》，中信出版社，2016 年 7 月）也就是说，华耐本身与登山无关的事实反而创造了反差，而华耐进击"7+2"更剧烈拉大了反差，且持续创造了内容与关注度，因此，说"攀登"已经具有超级 IP 的潜质一点不为过。

几乎每个人攀登珠峰都恨不得天下人知道，华耐登山队却一次"打包"送上 3 位普通员工。这在中国企业界是一种什么行为？在现代企业管理上意味着什么？在世界范围内的企业界又预示着什么？

当然，如果从营销传播学的角度考虑，绝对不会有这样的宿命论。一般而言，营销传播费用是产品成本的 2 ~ 3 倍，华耐登山队并未引起更大范围的关注与其没有投入与登山行为相对应的传播费用有关。对此，品牌传播专家指出：如果登山队实际花了 1000 万元，在品牌宣传上面，应该有 2000 万 ~ 3000 万元投入，这样才会在社会层面及更多的方面引起更广泛的讨论。

｜ 品牌上行 ｜

在相当长的时间内，华耐只是一个商号或公司名称。华耐家居只是各个商家专卖店在形式或组织上的统称，但在实质上，各个专卖店都未打上"华耐家居 ×× 店"这样的标签，各个专卖店也无法跨界、跨产品经营，店面构不成实质的连锁形态。

2016 年，华耐正式进军大家居市场，华耐立家建材连锁更名为华耐家居。由于店面的形态依然是厂家的品牌专卖店，服务偏市场化运作，因此，华耐家居无论在产品、服务还是店面上均无法凸显自己的企业（品牌）形象。

可以说，华耐登山队的出现第一次开启了华耐集中而持续的企业品牌形象传播的进程。之前的华耐还只是个大商，但随着企业文化建设的推进，基于内部宣传的需要，负责此事的品牌管理部干脆对外同步推动企业形象的传播。于是，华耐作为一家家居建材流通领域的服务品牌出现在公众视野中。

据何晓勇介绍，2013 年开始建设的攀登文化令厂家刮目相看。他们对华耐敢于提出"7+2"非常赞赏，对其过程很关注，也很羡慕，认为华耐有文化，重视精神层面建设，这样的企业可以走得远、坚持得久。无形当中，华耐就有了差异化的口碑。员工出去做业务的时候，时不时讲讲运动和华耐登山队，拉近了彼此的距离。

由于"7+2"项目的自身魅力，再加上宣传工作到位，华耐的攀登行动显得"墙内开花墙外香"，演变成一轮轮颇具声势的品牌传播行为。很多人认为，华耐登山队就是一次极具眼光和创造性的活动品牌创意！

这就带来一个误解，很多内部员工认为"攀登精神"是品牌传播部负责的文化项目。对此，品牌市场部总监文军似乎有些无奈："一来我是对登山项目很感兴趣，二来想着在内部活动的同时顺便做些外部传播。谁想到会造成这种误会。"

在推进企业文化建设的过程中，贾锋在企业内部注重仪式感的打造。华耐登山队每次出行和凯旋，公司都会组织尽可能多的员工举行盛大的欢送、庆祝活动，同时也邀请行业领袖、媒体以及登山界的大咖参与，可谓极壮声势。另外，在公司培训、年中或年底会议上，登山队的队员都属特邀之列，基本上都会安排他们分享攀登的历程和体验。像每天在天安门举行升旗仪式的国旗护卫队，他们也是华耐攀登精神的代言人和护旗者。因此，他们在公司内部是英雄人物，吸引了太多目光和镁光灯。这是贾锋的过人之处。他不是将自己塑造为神，而是将一个团队高高举起，塑造成一个英雄团体。

此外，由于"7+2"项目，华耐将国内登山界的人物不断串联起来，形成了以"攀登"为主题的社群网络。内部，它通过登山队的建设与区域登山队的选拔活动机制，将更多的爱好者凝聚起来，同时大大激发了员工们多种多样健身与健康运动的开展；外部，华耐与更多的极限登山人物和企业连接起来，形成强烈的圈层属性和价值观共振。

比较起来，华耐的文化实践和美国哈佛大学教授特伦斯·迪尔（Terrence E. Deal）与麦肯锡咨询公司顾问艾伦·肯尼迪（Allan A. Kennedy）合著的《企业文化——企业生活中的礼仪与仪式》（*Corporate Culture*）一书的观点异曲同工。后者将企业文化的构成要素概括为企业环境、价值观、英雄人物、礼仪和仪式、文化网络。

在企业环境方面，华耐27年的发展历史证明，这的确是一个自我挑战和升级、不断向上攀登的企业。就像文军所说："在'7+2'前，我们一直在攀登，只是没有这么具象。"

无论如何，"征无止境7+2"项目由于其全球顶尖的性质，使华耐登山队骤然跃升到中国企业乃至全球企业第一支极限企业登山队的位置，这倒是意料之外的奇异效果。品牌在传播的过程中可以自带话题和流量，甚至可以起到花上千万欧元赞助一支欧洲足球队所无法比拟的传播效果。

这方面，在华耐内部几乎获得一致的肯定。北京销区总经理于国志说："从公司角度看，华耐登山队的确在行业内是第一家这样做的企业，这无疑是对企业品牌的一种宣传。"瓷砖事业二部总经理杨占海指出："'7+2'从大方向看是没有问题，可以带来巨大的收益的。"常务副总裁孙立国对此表示同意："攀登精神对品牌宣传贡献大一些。人们都在说，你们华耐还有一个登山队啊！"济南大区行政人力部部长李曼丽也有同感，她说："华耐登山队的新闻、他们不断付诸实践的行动是最牛的谈资。"

的确，华耐提出要攀登"7+2"时，曾经引发了行业和社会上的各种不解和质疑，认为这是在"不务正业"。随着一个个目标陆续完成，它成了员工之间、行业与华耐之间交互的有趣话题——用沃顿商学院营销学教授乔纳·伯杰（Jonah Berger）在《疯传》一书中的词，即形成了"社交货币"[1]。

"7+2"的稀缺性和困难度引发了好奇，与华耐在产品和行业上

---

① 社交货币：简单地说，就是利用人们乐于与他人分享的特质塑造自己的产品或思想，从而达到口碑传播的目的，换句话说就是谈资。

的强烈反差更进一步加剧了这种好奇。随着行动的一步步展开，媒体曝光度的增加，这一项目引发了更高的关注度，并成为行业内的谈资，企业的知名度随之进一步扩散。同时，随着人们对华耐攀登精神的企业文化建设理解的加深，这一行动也带来相当的美誉度。

专业的媒体人士认为：第一，华耐利用攀登精神，重塑文化体系；第二，华耐是一家零售企业，所有的门店需要活动，需要曝光。如果只用产品或促销进行，引发的关注很少。这就需要提供新的独特内容，新的话题题材。在家居建材行业中，华耐登山队无疑找到了一个与众不同的东西。登山队是一个内容 IP，登山活动就是一个企业的公关产品，很大程度是品牌公关行为，活动的品牌化是必需的。它对内是企业文化，对外则是品牌传播。

瓷砖事业一部总经理王彦罡对攀登文化建设十分赞赏："很少有企业在文化方面这么旗帜鲜明。"

登山队员李海洋是大客户项目经理。回到现实工作中的他感觉经历登山的洗礼之后，自己的"运气"竟好了很多。业务大单也接踵而来，销售的状态也出来了，他说自己都找不到原因，只得打趣地说，这背后可能有"神山"赐予的力量。一些设计师听说了李海洋的攀登经历后相当赞赏，无形中增进了彼此的关系，为业务开展带来了便利。

在 2017 年挑战珠峰出征前夕，全国工商联家具装饰业商会执行会长张传喜、中国家居品牌联盟轮值主席陈燕木发来祝福，他们深知华耐登山队这几年"7+2"的攀登历程，每一次都深切关注，每一次凯旋时，都为之高兴。华耐人用登山践行攀登精神，同时攀登精神也在鼓舞着华耐人不断追求更高的梦想，"这种攀登精神，也为每一位关注华耐成长的朋友、每一位中国家居人传递着不断向上的正能量"。

四川销区总经理王永福说："能做这件事，首先证明的是企业的实力，否则做不来；既然做了就要说出来，它是非常正能量的事情，有很好的榜样作用……哪怕能拿出来宣传也是一种竞争力。"

其实，贾锋与华耐登山队的收获不只这些。2017年5月，在攀登珠峰的过程中，到达8500米高度的华耐登山队亲历了一场对人性的考验。宋强遇见了两名遇险者，其中一名是位年轻的夏尔巴人，手已被冻僵并面临着氧气耗光的巨大危险，而且他的巴基斯坦客户也在附近遇险。在遇到华耐登山队之前，有70多名攀登者从其身边走过，却没人救他。面对这样的突发情况，宋强把自己的备用手套给了遇险者，还给他留下了一瓶氧气。后来，华耐登山队在下山过程中，发现这两位登山者还困在原地，在获得队员同意的情况下，华耐登山队的夏尔巴向导全部参加了救援，宋强则在没有夏尔巴向导的情况下独自下山。最终，年轻的夏尔巴人和巴基斯坦的攀登者被成功救援，华耐登山队的夏尔巴向导也获得了尼泊尔政府颁发的最高荣誉"国家杰出贡献奖"。

这个消息虽然在国内鲜有报道，却在华耐员工内部广为流传。宋强的行为受到公司的高度肯定，华耐登山队当了回英雄，真是好样的！他们在死亡禁区之内，在不可能伸出援手的区域果断伸出了生命救援之手，这不光是宋强一个人的胸怀，更代表了华耐登山队和华耐人在关键时刻迸发出来的精神气质。

第二节 ▲ 引力波

| 认知跃迁 |

在家居建材行业很多企业看来，华耐有些"另类"，很多做法显得与众不同。

但唯美董事长黄建平对贾锋整出个"7+2"并不感到特别意外。作为认识、合作二十多年的老朋友、亲密战友，他认为贾锋身上有一种与众不同的特质，在合作谈判的细节过程中能够感受到"他心中装着一个更大的梦想"。

据黄建平回忆，20 世纪 90 年代，华耐家居规模还很小，但从贾锋的经营作风上，已经能够看到未来一个企业领航人的气魄。这也是马可波罗瓷砖品牌之所以在推出的第一时间，就选择与贾锋所带领的华耐进行深度战略合作、相携并相伴走过了这么多年的原因。

譬如，家居建材的装修风格变化很快，这就要求制造企业不断推出新品，厂家也会需要经销商不断地更新、更换零售门店的装修风格（上样）。每一次重新装修，都需要投入不小的成本。在马可波罗的诸多客户中，华耐家居每次都是第一时间主动进行店面升级创新的。

　　后来，马可波罗推行大店策略。动辄几千平方米的大店要改变装修风格，每次都要付出巨大的成本，华耐都坚决贯彻。这样行事果断、大气的经商风格，也让黄建平和唯美上下对华耐刮目相看，双方战略互信、相互支持与合作程度很高。多年来华耐运营的马可波罗瓷砖的销售业绩增长迅速，在全国销售市场占有很大份额，成为马可波罗优秀的合作伙伴。

　　一位曾经在家电行业就职，后转战家居建材业的经理人指出，中国的建陶厂家更注重的是生产和产品，"在营销方面的思考都很少"，因此，很多决策来源于客户的建议或自己的实践。他指出："像华耐这样的流通企业比生产企业要善于营销，因此其营销能力反而比总部的制造企业要强。但在其他的传统行业，比如说在家电业，生产企业被竞争倒逼，营销能力很强了，而流通企业，也就是所谓的代理商，没有什么太大的能力，除非像苏宁换道超车，以另外一种方式崛起。"

　　他分析，造成这一现象的原因，与行业比较强调非标特性有关。一方面，相当长的时期内，由于行业的繁荣，这种强调可以让经销商和厂家都赚得盆满钵满。因此，厂家没有十足的动力和压力直接进行价格竞争，或越过或逼迫经销商向自己想要的方向发展。另一方面，由于厂家不介入终端零售，市场压力的传导并不强烈，因此，制造企业往往与商家形成长期合作、互相分工与制衡的战略均势。当年创业之初，贾锋就超越一些夫妻店，呈现出与众不同的企业家气质：及时劝退家属引入职业经理人，与有追求且志同道合的厂家深度合作而不一味求大品牌、求赚快钱，一度将总部迁往建陶重镇佛山，强调制度管理、推进公平公正公开等，让员工赚钱而不是先让自己赚钱……"得人才者得天下"，可以说，贾锋身上这些与众不同的经营认知，是华耐持续高速发展、规模不断扩大的根本原因。

　　贾锋不但拥有独特的眼光，还通过持续学习不断提升自己的认知。他的方法是进入两所大学进修：一个是北京大学，一个是社会大学。后来他报读了北大光华管理学院 EMBA。一般人读 EMBA 就是为了交朋友、混文凭，可贾锋却似乎"上"了瘾，学习起来没完没了。如今的他正在攻读北大光华管理学院的博士学位。

　　至于社会大学，贾锋也可以说是"研究生"和"博士生"了：他爱交流、爱钻研，遇到身边的能人总要切磋一番，充分交谈。喜欢研究人，也喜欢研究事，在分享和请教中互相了解，发现盲点、看到潜能，这就是一个认知跃迁的过程。

　　另外，他还博采众家之长。无论行业人士、媒体人还是教授专家，他都会抓住机会充分与之探讨。甚至，对有些资源，他会主动接近。比如 1997 年，当时企业规模还很小的他主动申请加入《中外管理》的理事会，一年的会费可是笔不小的支出，贾锋不但报了名，并一直持续到现在。他的这种习惯真可以和乔布斯的那句话互相映衬："Stay hungry，Stay foolish(求知若渴，虚心若愚)。"

　　然而，他并不完美。总体上，在华耐人心目中，贾锋的正面评价还是比较多：有洞察力、决断力，开放分享、有胸怀，学习能力比较强，大事比较专注，有正义感，勤奋，以身作则，积极创新，执着的完美主义者，自我突破能力强……当然，这里也不排除大家毕竟是其员工，有含蓄的部分，也有只提供正面表达的部分。

　　不过，也有人直言不讳地表达观点，认为他"无定性，孩子气，开会过于亢奋，喜欢任性"，"固执、自我"，"有时听不到也听不进去不同声音"……

　　一位销区总经理给出他的印象："对于贾总还是崇拜佩服的。这两年走过很多弯路：电商、大家居、投资过大……损失了不少，但他一旦认识到错误，能立即改正。"

2018～2019 年，贾锋陷入了深刻的自我反思。他坦承："近几年的登山经历和家居建材行业的急剧变迁，让我的心智遭遇极其强大的震撼。"

他自责，这几年才发现过去的自己"那么骄傲"。这点本来应该早点知道："别人说服你很困难。不是固执，实际上是骄傲。"

"在登山中，我最大的体会就是，一个企业从你的起步到你取得的成果，你到处可以获得人们的赞誉。这些都会让人产生极大的自信。这个优越感自己会放大到很多领域，令你误认为自己都行。"贾锋说，"其实真的要换条赛道，你会发现你啥都不是——有时候人就是不相信这一点。"

在攀登雪山的过程中，贾锋慢慢发现，对雪山和自然界而言，人类显得很苍白，登山者和动物没有什么区别——它们也在爬，你也一样，不都想爬上去吗？

在攀登过程中，他看到了血淋淋的现实，第一次学会坦然地面对死亡。2017 年华耐登山队攀登珠峰回来，他听宋强等队员说，有几个曾经认识的人死了，其中包括与他有过一面之缘的极限登山界传奇人物乌里·斯特克。

第一次登四姑娘雪山的时候，贾锋曾一度因自己只能在倒数第一的位置而受挫，还在纠结一个问题："当我带一个团队的时候，总是走到最后，是否要问问自己你还是不是领导？后来我知道，在登山中我根本当不了领导，因为此时的我是一个被保护和照顾的人，只要不拖团队后腿就行了。"这个认知对他的心智是一种强烈的撞击。

2016 年攀登海拔 7546 米的慕士塔格峰的时候，贾锋想的还有不甘落后的面子和登顶的成就感，但到 2017 年开始珠峰行的时候，他的心态已经有了 180 度的大转弯："我就是想来丈量自己，我没有跟别人争，而且也没有说要登上去，我只是尽力去做，去体验，很平和，不急躁，走不动就往下撤……这时候，我就想放下了那种自大。"这时候的他没想挑战珠峰，只想认识自己，感悟人生。

尼采曾经说过这样一句话："我们的眼睛就是我们的监狱，我们的眼光所到之处就是我们监狱的围墙。"登山的这种体悟和后来华耐变革升级遭遇的挫折，令贾锋看得更远，感悟更深，重新审视自己，认知自己。这时候的他已经完成了"自我认知"的一次跃迁。

｜ 热爱与责任 ｜

"贾总为什么喜欢登山？（我猜）他在工作中没有时间思考，登（雪）山过程中，必须放下工作，心无旁骛。这样就有一个清闲的时刻，做一次自我省视和大局观的思考。"宋强说。他是华耐登山队的教练兼摄影师，也是"7+2"项目攀登的主力之一。

在他看来，登（雪）山是极限运动，要求人必须专注、纯粹。珠峰尤其是这样，那么严酷的地方容不得虚假，你是什么样的人就是什么样的人，社会上的面具统统被摘掉了。这种极致的场景映衬下，登山者每次会遇到不同的人，因此每一次都是全新的自我认知和思考的旅程，"什么人去都有收获，聪明的人收获更大"。

入职华耐之前宋强是名户外运动发烧友，这一爱好源于他高中二年级看的一部电影《垂直极限》，这对他产生了巨大的冲击。他没想到世上还有这样的人，于是内心萌发了对雪山强烈的向往。但限于资金等条件，他先选择攀岩，大学毕业后自己一个人跑到北京，一方面从事摄影与视频制作的工作，另一方面积极参与各种攀岩、跑步等运动，由于酷爱运动，后来结识了带领华耐登山队登山的孙斌。

宋强是那种谋生都想谋出使命感的人。在加入华耐之前，他原本初步答应一位纪录片导演的邀请担任纪录片摄影师，未来有当导演的机会。这位导演与央视九套合作，想拍摄户外运动方面的纪录片。"我当时挺心动的，觉得自己似乎有一种使命感，人生到老，回想一生不是说你得到了多少荣誉、多少金钱，而是你为这个社会付出了多少，你留下了什么，这才是最重要的。"他当时设想，如果做一个纪录片记录极限运动，可能为中国极限运动的发展留下一些重要的影像资料。所以当贾锋第一次向他发出邀请的时候，他没有答应，内心很纠结。

后来听说灵山事件有上百人受伤，华耐登山队亟须一个像他那样的专业教练，这里更需要他，因此他选择了华耐。

宋强说，他挺感谢自己在这方面的早熟，很早就知道自己的爱好，然后一步步朝着目标迈进。在华耐登山队，他是个温暖而坚韧的存在，从不急躁、不发脾气，也不太爱说话。你从来看不到他刻苦训练，但显然对于热爱的事情他向来不辜负，因此，攀登雪山的时候他似乎游刃有余，有使不完的劲。他不但是队员，还是教练，时刻关注队友的状态，提供指导和协助。除此之外，他还"兼职"摄影师——攀登过程中其他人累得走不动了，他还在那里摆弄相机和摄像机。当然，在大本营休息的时候，还会闻到他携带的咖啡机泡出来的咖啡香味……那时候是他最具魅力的时刻。

"我相信自己（攀登）的能力是可以的，所以登山的时候不去纠结这个，它已经是很平常的事儿。我既是一个队员，又是教练，要保证每个队员的安全，从衣食住行到专业攀登，再到队员生病怎么去照顾。至于拍摄整个活动的影像资料、泡杯咖啡，这些不是特别多的事儿——总要有点事干，再说这样也很有意义。"他就这样轻声细语地说，仿佛登珠峰也不是什么天大的事。

跟宋强在一起，你会觉得他简单、直接、通透，宛如平平静静的一潭水；只有在攀登过程中，才可以看到他眼里的热爱。海拔8000多米的珠峰之上，是道德都触碰不到的生命禁区，登山者们奉行的是"见死不救""无道德"的原则，但宋强却和其他华耐队员一起，果断地向其他遇险的攀登者伸出了援助之手。

尽管没有那么刻意，然而宋强和华耐登山队队长马建国成了最佳搭档。在攀登"7+2"的过程中，队伍人数不管多少，这两个人都可以顽强地抵达终点。但在经历和风格上，两者却有相当明显的差异。

当时宋强进入公司只有两年时间，马建国于2004年加入华耐，参加华耐登山队的时候他是北京销区品牌副总经理，是一名工作了十多年的资深员工。

马建国小时候在农村的山区长大，但灵山却是他工作以后第一次爬2000米以上的高山。所以他走上攀登这条路是基于公司的需要被激发出来的。

在这方面，马建国算是个有心人。2012年春节回家的半个月，他天天穿着羽绒服爬山，把附近的大小山基本爬遍了。

有这个底子在，攀登灵山时他被编入"第一军"（登山时分成10个"军"）的突击队。考虑到自己运动时会发热，他当时只穿了薄秋衣，外面套上薄的军服，因此走得很快，第一个到达山顶。在山顶他只停留了一两分钟就下撤，在半山腰帮助几个实在爬不动的人上山。这一过程中，他一直在不停地行走，反倒没有冻伤。

从那以后，马建国逐渐喜欢上了登山，虽然这种喜欢并不像专业运动员那么强烈："因为我认为工作还是第一位的。"爬哈巴雪山的时候，身为登山队副队长的他开始从喜欢过渡到主动承担责任："我们到了5100米雪线的地方，要穿冰爪、牵着安全绳，那时觉得身上的责任可能更重一些。"那一次，他们队4名队员全部登顶。

"灵山的时候就是为了自己爬得快，但在哈巴雪山上，责任可能更大于个人的体验。当时考虑的是：第一，团队能上去；第二，要保证队员安全地上去，安全地撤返。"马建国至今记得，他们骑着当地的骡子经过海拔4200米的大石板，后来终于到达海拔2700米的哈巴村："自己甩鞭子甩不下来了，腿已经木了，手已经木了，他们把我搀下来，那个时候紧握的手突然之间放松了，因为安全了。"就这样，此时的马建国完成了从自我挑战向团队意识的转变。

此役之后，马建国被正式任命为华耐登山队队长。那时的他并不觉得队长的负担大。很快当"7+2"项目上马的时候，他骤然感到压力和责任大了10倍。此时的他已经40岁，没有多少基础的他要成为华耐登山队的代表进行全球极限高峰的挑战，能行吗？虽然公司要求安全第一，但万一失利了怎么办？其他队员可以有借口，他这个队长却退无可退。

这个问题谁都没有挑明，却成为马建国心头的责任。平常的工作时间本来就紧张，他还必须抽出业余时间坚持锻炼。从2013年开始，他养成了大幅度运动的习惯，每天走10~20公里，早晚时间还会保持更多的肌肉练习。每一次出征前的两个月，强度会再度提高，比如楼梯要爬300层以上，或者如果骑自行车，可能一天就要骑上百公里。

在外界看来，马建国和宋强每次出征都能凯旋，从未遭遇失败，一次机会都没有浪费，过程堪称完美。然而，马建国却提到 2016 年他们出征北美洲麦金利峰的经历，说对他而言，那次比任何一次都深刻难忘。

此行原定的登山队员是 6 人，后来贾锋因为出国的时间冲突未能成行，另外一名队员被拒签，队伍就剩下 4 个人：马建国、宋强、吴秀峰、贾庆贺。最终贾庆贺与吴秀峰因为身体原因而遗憾未能登顶。到了 3300 米的时候（2 号营地到 3 号营地途中）只剩下马建国和宋强 2 人。

丰富的地形和超高的海拔落差，使麦金利成为七大洲最高峰中难度仅次于珠峰的一座高峰，也有人说其难度更大，因为从大本营出发到顶点落差足足有 4000 多米。这对马建国来说并不是最困难的，难的是适应美国人的习惯，他们要求登山者必须独立进行而不是依靠别人，因此所有吃的、用的和公共装备全部是自己背，自己拖着雪橇前行。这对体力和耐力的要求非常高。

躺在 3 号营地的帐篷里，因为着急上火，马建国的嘴上起的全是水疱。他担心，如果他和宋强再有一个被下撤怎么办？以宋强的体力应该没有问题，我作为队长被下撤了又怎么办？虽然宋强一个人上去，对于公司来说此行也算成功，但他总觉得有点缺憾。他已经把吴秀峰的眼镜和贾庆贺的头盔留在身边，虽说登山的兄弟不能一起上山，但他要带着它们一起上山。

在继续前进的过程中，马建国感受到巨大的压力，一方面用腰拖着雪橇，另一方面在不断调整心态。在吃饭、穿衣、休息所有休整的过程中，他做得比教练要求的更严格，不敢有任何的差池，以免身体出现问题。

到达 5400 米高度，即将要冲顶的时候，马建国发现自己的血氧含量不够。按照美国人的要求这时必须无条件下去。在教练孙斌的帮助下，经过 20 多分钟的紧急沟通，当地的一名向导医生建议让马建国再试一试。马建国形容当时的感受竟然比登顶的时候还要喜悦。

后来，马建国和宋强双双登顶。在麦金利峰顶，他的心里特别平静，想的就是没有愧对自己这些天的坚持，以及内心的自我斗争。他说："放弃其实很简单，登不上就登不上，但我觉得，人到那个时候一定得努力。"他知道只要那股劲一松，他就完全没有再抬起脚步的勇气。"所以我对这句话印象深刻——'人永远摸不到自己的天花板'，哪怕走不动、迈不动的时候也不能放弃。"他说，"那时候的想法特别简单，我一定得去完成这件事情。当看到队友一个个下撤的时候，我不希望成为其中的一员。"

在继续前进的时候，马建国每走一步喊一个字——"向、上、不、停、步"。在他看来，每个人可能无法改变行业，也可能无法改变现状，但是能选择做好自己，力争啃下硬骨头，把不可能的事情变为可能；如果遇到所有的事情都绕着走，看起来很简单，但这个坎永远过不去。

如果将马建国和宋强这对搭档做比较，你可能会发现两个有意思的特点：一个代表华耐的传统，有着拼搏、奋斗、责任的优秀品质，另一个代表现在和未来，有专业、热情、担当的锐气和技能；一个代表忠诚、责任、努力的老员工，另一个代表热爱、自主、奔放的新生代……

｜ 引力波 ｜

可以说，登山带给队长马建国的变化是巨大的。他在自我解析的时候认为，现在会去正确面对一些东西，对事物的判断更理性、更客观，处理起来也更冷静，不会特别急躁。登山的时候或许只有一条路可走，但实际工作中其实有很多路径，因此可以思考更多解决方案，判断也更符合现实。

这并不是说马建国开始变得无原则了，他骨子里的那种刚毅还在，只是少了些许锋芒。他开始更理性地面对工作："之前，我们每个人觉得自己有更多的优势；登山以后，我们的体悟是，一个人不能够决定所有的事情，它需要一个团队的相互协同，相互配合。"

马建国的理解是，攀登精神不单单是一种文化塑造，或在某个阶段激发大家的热情，更应该是在回归到工作岗位、销售一线的时候，能模拟登山的经历，身体力行地影响更多的人，在工作和生活中积极面对困难和挫折。他说："现在华耐仍然能听到很多抱怨，但从和我一起工作的人身上看到的负面东西非常少。这并不是说我没有缺点，或者公司没有缺点，而是遇到困难和问题的时候，我们能以很好的心态应对，从而逐步影响身边的同事，令状况发生一些改变。"

2014年李清源加入华耐的时候，首先进入的是北京销区。当时，他的印象是，北京品牌二部的部门早上开会，在马建国的带领下部门的伙伴们一起做俯卧撑、深蹲等动作。部门的人当时很痛苦，但慢慢地就接受了这种训练。马建国自己则经常会从公司步行十几公里回家。听说华耐登山队的事情后，李清源感觉十分刺激，当时就想报名参加登山队。他坦言马建国对他的影响很大，以前的他虽然热爱运动但没能坚持，自2014年到现在，他养成了每周跑步的良好习惯。

在李清源看来，攀登精神其实能跟工作、生活乃至意志力相关联："比如说，做一件事情目标感很重要，我不达目标不罢休，我不完成就不下班。这就足够了，并不是一定要爬哪座山才有攀登精神。但同时，如果有人认为登山是为了炫耀，那是因为他没有与自己的生活和工作结合起来。"

华耐登山队只有几十人，各地的登山队员加起来也就一二百人之众。这些人通过锻炼和挑战改变了自己的认知与行为，他们就像一颗颗种子，在各个部门、区域生根发芽，带动了一批人的户外和健身潮流。这或者是实践攀登精神所带来的一种亚文化。

比如原本已经退休、返聘担任监事长的李枝娥，尽管由于身体原因不能爬山，却是攀登精神的"铁粉"。2016 年 7 月 24 日华耐登山队攀登慕士塔格峰的时候，她在 8 月给自己定下一个目标：3 天徒步 108 公里。她说："他们去攀登，我也去自我超越。"如今的她保持着每天步行 1 小时的锻炼习惯。

何晓勇自 2016 年起开始跑步，4 个月之后就参加了广州马拉松。现在的他保持着长跑的习惯。他认为，跑马拉松和登山一样，是一个长期对毅力和耐力的挑战。

2002 年进入华耐的张波是青岛大区箭牌卫浴品牌副总经理。2013 年哈巴雪山的经历令他一生难忘。下山后的他很珍惜当下的美好生活。张波认为，爬过 5400 米之上的雪山的经历，足以让他成为两个孩子的榜样。他觉得更重要的是收获了战友情。当初一起爬山的战友、队员，相当于经历过生死考验的兄弟。每次相逢都会拥抱，也会讲起这段难忘的经历。

刘秋波是济南销区箭牌卫浴品牌部总经理。喜欢登山的他 2014 年曾加入挑战四姑娘山的队伍中，登上 5100 米平台的时候因血糖有些高没有继续冲顶。回来后他组织员工去拓展，挑战较高的目标，虽然过程痛苦，但一旦突破就特别有成就感。他收获最大的是"向上的精神"："工作与登山一样，勇气和坚持一定能收获成果，也最终决定了结果。"

2018年6～8月，整个集团举行3个月的销售竞赛，分配给济南销区的指标比较高。6月的最后一周，距离完成目标还有比较大的差距。后来，刘秋波分享了自己在登山队的案例，让员工模拟面对登顶的感觉，让大家明白要相信自己的潜能，相信咬咬牙可以实现目标。结果他们团队竟然创造了历史业绩新高。接着，他们成功拿下7月的目标，到了8月，大家热情高涨，已经不用再动员了。

在石家庄销区欧派品牌部总经理师砚文看来，通过组织一次次的爬山、一次次的分享，攀登精神在文化上不断传递。它并不务虚，而是具体有形的存在。"硬"的来说，它就是一种攀登和自我挑战，"软"的来说，每个人的成长都需要这种有形的目标。他认为："攀登精神其实是和人生的发展阶段完全匹配的。高峰是无止境的，人生就是攀爬无形的高峰。"

登山就是模拟人生、登雪山是模拟极致的人生。其实，徒步、长跑等任何一项运动何尝不是如此？对于一个企业组织而言，它和人生要面临的境遇有什么区别？攀登精神的推进，宛如一个巨大质量的旋转星体，在很多人的心灵空间激荡出强烈的引力波。它引发的不单单是对健康和生命的思考，还有对工作的激情与进取、对顾客服务的琢磨以及对未来华耐发展的深思。

张迪是位"80后"，是华耐最年轻的大区总经理，别看工作当中他率领的团队斗志昂扬，但他有恐高症，一直不敢涉足登山这件事。2019年他终于禁不住怂恿，爬了一趟四姑娘山，爬到半路腿都软了。不过他还是靠着顽强的意志登顶。经历这件事后，他在登高上的胆子大了许多。

他在几个区域业绩表现较佳。表面上似乎攻无不克，事实上他坦言内心压力还是很大的："我就是胆子大点。领导把这个任务交给我了，我只能接下来啊。"背后的他却做了很多功课：一是经常打电话，积极向领导和同事们请教；二是努力再努力，把各项工作做得更好一些。他认为，攀登精神体现的就是勇气和坚韧，敢于接受更高的目标，接下来就是想尽办法把目标完成。

在张迪看来，一个企业还是需要有一点精神的："无论是所谓的攀登精神，还是向红军学习，这种不断的自我折腾，能够带给团队士气和精神面貌巨大的提升。"

杨桂玲是南京销区 LD 品牌部装饰一部的业务岗基层人员。在她看来，攀登很有画面感，爬山是一种有形的表现，体现在工作中，具体就是目标和坚持。目前市场环境不好，单子相应减少，每当想要放弃的时候就告诉自己坚持。她认为目前的市场难关要靠拼服务渡过。

哈尔滨马可波罗专卖店经理吕萌在刚刚入职的第一个月，就遇上了公司安排的爬山活动，当时她觉得华耐这家公司挺有意思：瓷砖和爬山有什么关系？不过，她觉得华耐登山队和"7+2"这事挺酷的，能做这件事，说明这是一个有信仰的公司："有信仰当然是件好事，不甘平淡生活，给自己精神力量。"她是 2017 年华耐之星获得者。入职的第四年就获此荣誉，可见表现非同一般。针对目前建材行业不佳的大环境，吕萌的观点是："像攀登精神一样，我们内心的信念很重要，要理性地面对困难，因为其他品牌也在努力。此时我们更需要拼服务、拼能力。"

2019 年，华耐组织了一次内部征文活动，请全国各地的员工畅谈对攀登精神的理解。天津销区蒙娜丽莎品牌部赵娜分享了她爬海拔 864 米的蓟县盘山的经历，花了足足 4 个小时到达顶峰，那是最美妙的、最难忘的、最激动的一刻。她看到手机中的一段文字："每天像爬山一样活着吧，慢慢地，坚持不懈地，攀登要记得欣赏每一瞬间擦身而过的风景。"整合营销中心客服部的芦丽在文章中认为，她从一个青涩的小姑娘成长为中层干部就是一次攀登经历。她分享了自己 2015 年参与公司订单管理系统开发的一段经历：之前对电商业务接触很少，完全不懂后台的业务逻辑，感觉面前就是一座高不可攀的山峰，她虚心地请教同事，自己花钱学习，不知疲倦，终于得到领导的赞扬。

回首过往，芦丽感悟良多："攀越的绝不只是最终'一览众山小'的豪迈畅快，更多是在攀登过程中，一个人一步步地向前走，一滴滴地流汗，一次次地坚持与自我鼓励。位置不断发生变化，境界不断得以开阔，感受每一次跨越的庆幸、每一份收获的喜悦。"她对公司的企业文化建设有了自己的理解："公司的攀登文化对我的工作、生活都起到了非同一般的作用，激励我在工作上取得成绩，也改变了我的生活态度，让我变得积极、乐观。我们每天都行走在改变命运的路上，始终保持攀登的渴望和行动，执着而虔诚，不断地向前，不断地攀登，在每一个高度感受不一样的景致。这是一个丰富又有趣的过程，大概也是生活的意义。"

第三节 ▲ 三大反思

| 少数人参与 |

2016 年 5 月，正在攀登北美麦金利峰的马建国看到同事在朋友圈的一段话，大意是：华耐史上的"最高福利"就是登山，因为给了这样的机会让你登到高处，所以这是"最高福利"，这个"福利"跟金钱没有任何关系。说其为"最高福利"是因为华耐员工中，原本只派出 6 名队员，后来变成 4 个，最后只有 2 个……看到这条信息的时候，马建国的嘴上正冒着疱，没说一句话。当时他觉得，如果不能够真正把这个"最高福利"带上山顶，内心会特别绝望。

这条信息虽然强调"跟钱没关系"，但事实上华耐对登山队的投入可谓不菲。灵山事件后，为了保证安全，华耐在此后的雪山攀登中对装备的采购毫不吝啬，"7+2"项目开始后更聘请了孙斌这样的国际登山队教练和他的巅峰探游团队作为专业服务方，全程予以顾问支持和保障。

有媒体综合了包括巅峰探游在内的报价，"7+2"项目全部参与完成，每人都需要不菲的费用。当然，这里并不包括采购装备、增加更多的向导或配给以及专项的培训等费用。比如，在攀登珠峰的时候，为了保证绝对安全，华耐登山队的每位队员都多配备了两罐氧气，这也是宋强在 8500 米山上敢于果断出手救援的最大底气——当然，后来下撤的过程中他又将自己的氧气罐送予了需要救援的人员。

因此，以华耐和贾锋的行事风格，基于安全第一原则和风险控制考虑，花费只会增加不会减少。有些项目，比如珠峰，正常的报价在 35 万元左右，华耐甚至有可能会花费更多。

如果这些费用花在老板或者项目上，员工会觉得正常，但这些费用都是花在登山队员上，尽管贾锋一再强调这是团队精神，这是华耐攀登的铁军、少数代表，很多人难免会心理失衡：公司这么多员工，为什么他们能登山？花这么多钱出国旅游的机会为什么轮不到我？凭什么这么多钱只让他们几十个人花，这时的他们作为局外人，不会想到签责任书这事的严肃性，也不会想到登与不登之间有那么多生死挣扎。

尽管华耐总部有登山队，分部也有登山队，并建立了一套选拔制度与机制，但是，规则是否公平合理？选拔前有没有充分动员做到人人知晓？从事实上的运作来看，不可否认选拔带有一定的随机性，甚至有指派性因素在里面。这样就会造成一些人的误解，因为，每个人每次要花十几万甚至几十万元，这样的"福利"大家嘴上不说，眼红是正常心理现象。

当然，站在马建国等人的角度，或许有些委屈：虽然公司给了假期并负担大部分花销，但这可是提着脑袋搏命的事，而且自己还要花上一笔不小的服装等开销，何况，尽管他们努力安排好工作，利用业余时间训练，但毕竟可能会影响绩效——这就意味着很多奖金没了。公司对登山队员执行同样的绩效考核，没有因为你是队员就单独发份奖励——这样造成的职业损失怎么算？

这可不是猜测。事实上，华耐登山队的队员，有几位已经选择了离职。对此，首席战略官文军分析认为：有些队员完成了登山目标，在绩效考核中却没有实际加分。因此，即使是英雄的登山队员，在组织中也没有什么特殊待遇。

这或者是隐秘的心理碰撞。事实上，关于攀登精神和事实的演绎者——登山队已经在华耐引发持续的反思，其中一条反思是只有少数人参与：无论是"7+2"项目、华耐登山队还是登山，能够参与的员工太少了。如果广大的员工没有机会参与，那么对攀登的感性认知从何而来，如何能从感性的改变促进日常行为乃至工作状态的改变？

李枝娥至今回忆起灵山攀登的场景仍然觉得振奋和难忘。她认为，那一天散发出的华耐精神至今还发挥着影响力，那是500多人的集体洗礼，更是难忘的集体回忆。她对攀登精神是认可的，但对"7+2"登山过程中的风险表示出极大的担忧，一旦出现伤亡事件就会造成企业的形象受损，此外是参与的人太少。

杨占海则认为，"7+2"项目在大的方向上没有问题，而且会带来巨大的收益，可以打90分以上。只是因为登山不是经常的事情，攀登精神要落实到具体的事情上。目前给人的感觉是好像攀登精神就等于爬山了。

廖宏华说："不能说攀登就是一直去爬山，攀登文化建设需要一些浮在最表面的东西，企业也需要一些符号性的项目。因此，'7+2'在想法上是外在的、很好的，但对内部要落地，形成被所有人认同的价值观——这方面似乎没有形成。"看来，他关心的不是参与人数多与少的问题，而是浅与深的问题、表与里的问题。

在苏皖销区总经理王利武看来，推行"向红军学习"那3年，身临其境的感觉强烈，登山则有客观条件限制——很多地方没有高山，只靠队员们发言没有现场感，毕竟耳听为虚、眼见为实。他认为，参与度决定了效果。"我的意见是回到'向红军学习'的红军精神，年轻人不理解红军文化，可以以适合的方式和他们讲，红军和攀登都需要真实感知。"王利武说。

广州销区执行总经理杨丽英曾经参与过灵山攀登，作为一个南方姑娘成功登顶且没有受伤，让她发现了自己的潜能。但因为长期在商场工作，不适合较长时间的爬山运动。对于华耐登山队和"7+2"项目，她觉得挺自豪的，认为纵使有风险也应该在可控范围之内。"贾总要登珠峰的消息传出，外界还是挺多人关注的。有人问：'不会吧，那么危险，你们老板也要登？'后来贾总虽然没有登顶，我们也很高兴，能踏出这一步已经很好了。"杨丽英说。她从骨子里感谢那些代表华耐的登山队员们："我们内心为华耐每一个登山者而感动，他们虽然也代表了个人，但更多是代表我们公司，能够抛下一切攀登到顶。"

张海霞认为："攀登是一种精神力量。我们每天其实都在登山，从早晨开始我就清楚今天的目标，写下来要干哪几件事，干完了就是登到山顶；没干完，天天在山上爬也不行，其实登山精神就是让大家有目标感，然后一步步克服困难，而不是天天说我有困难，不去干活。你要干的就是去克服它。"她介绍，在这方面公司不是没有行动，而是做了大量的工作，比如在新员工入职培训上、在年中会议和年初特训营上，她都会讲攀登精神与工作如何结合，也会请登过山的队员来现场分享，播放视频。

在四川王永福看来，"7+2"和登山队看起来好像有点曲高和寡，关键看当地怎么宣导："你可以在当地组织爬山，也可鼓励员工们积极申请。公司可以成全你，但你要符合条件，不但爬得拔尖，业务能力也要好，服务和工作态度更好，再送到总部参加华耐登山队。"

副总裁王文清的观点是："企业没有精神不行，该花的不要省，该省的不要花。每年一定的费用，如果员工们能明白精神的内涵就够了，而且也不一定要人人参与才叫文化建设，只要能促使更多人上进，那就有很大价值了。"他也认同企业文化建设要与组织的目标相对应：是为了销售目标，还是为了登山成功带来的精神感召力？这点一定要明确。

陈海认为，2009 年以后的华耐正步入全新的阶段，企业规模在不断增长，同时也面临着转型突破。这背后首先是心智的突破。至于攀登项目，他的回答意味深长：只有活着才能够持续你的荣誉，向红军学习和攀登精神在逻辑上有演进，核心的目标是持续地活着。"如果这个活动能让企业家实现一种自我蜕变、自我超越，我觉得就值了。"

| 组织缺位 |

一些人也认为攀登成为"少数人的活动"的根本原因不是表现在有形的登山上，而是没有将精神落实到组织行为上，对登山队的形象塑造和推广是成功的，但在内容上攀登精神没有与组织绩效和员工行为挂钩。

王彦罡对此表示同意："登山的确是个很好的切入点，很少有企业文化像华耐提出的那么鲜明。关键是切入之后，还要有一系列匹配的工作。文化只是个药引子。"他认为，客观上来说，对一线员工而言，攀登仅停留在传播层面上，没有得到很好的践行，不能激励大家，"至少从感觉上，它没有与一线员工建立强联系"。

高雪峰也指出，攀登精神不像红军精神那样直指人心，而且大家对攀登的理解也不尽相同。他认为，现阶段的攀登文化与业务层面上没有建立必然的、清晰的关系，而红军精神建设的时候，文化与销售的契合度非常高，在组织形态上华耐也发生了变化。

张迪指出，在目标方面，华耐登山队有"7+2"的目标，但企业的目标感不强，应该在运营上再变革升级提出企业的另一个"7+2"。河北销区总经理贾海深有同感："攀登只是一个符号，落地得实在弱一些。其实，每个人的工作、生活都是一座山。"他的建议是，除了公司目标、销区目标，每个人都要有一个梦想的目标，每天、每周、每月、每年坚持写 3 ~ 5 个，坚决去完成，就是一种攀登精神。

在时任上海销区总经理李林明看来，无论红军精神还是攀登精神，其提出本身就代表华耐在寻找自己的精神支柱，除了赚钱之外还在追求价值。学习红军强调的是艰苦奋斗，讲的是传承，攀登精神则代表了另一个维度，与华耐正在进行的升级十分契合，但两者都是企业文化的一次重大升级：以前更多依附于贾锋的个人领袖精神，现在开始建设去个人化的企业文化。

企业文化也叫组织文化。无疑，企业文化要与组织建设结合起来，这是双方的需要。但是，是否需要将攀登放到如此包罗万象的位置，用文化建设统御一切，包括目标设定、制度建设乃至一线的促销行为，甚至取代其他已经形成的文化项目和传统？

这里需要厘清的一个根本问题是：攀登是什么？华耐真的在建设攀登文化吗？

确切的答案是，攀登是华耐的核心精神。既然是核心精神，那么它与华耐企业现有的价值观其实是融为一体的："乐于奋斗、勇于担当、共赢分享、至诚合作、持续创新、成就客户"。也就是说，上述价值观和各种行为规范、企业的群体意识、职工素质、优良传统等共同构成了企业的经营精神。攀登固然是核心精神，但并非企业文化的全部，也不能替代其他价值观的实施。或者说，后面的价值观是对攀登这种精神的核心诠释。两者不是相互替代的关系，而是一个整体。

企业文化与制度建设、经营管理均有很大的不同，它不像后者方向明确、措施简单、雷厉风行，而更强调软实力，像春风化雨，需要时间和耐心浸润，需要与员工的心灵互动生长。员工们看到的不是你怎么说，而是你怎么做；不仅看高层，还要看中层、基层怎么行动，显然，仅靠贾锋、华耐登山队乃至培训是不够的，它应该是全公司参与的一场精神共建。

多数人的共识是，目前攀登精神的确在向下传导方面做得不够，还没有通过与企业文化建设结合落地到制度方案、激励措施中，体现到日常对员工的经营管理中。他们也认同："文化建设是大家的事。贾总只是起点，它需要组织中各个部门共同推进。"

但是，在谁负责推进攀登精神的实施这个问题上，答案是模糊的。有人会问："大家的事"究竟是谁的事？

│ 文化与绩效 │

显然，华耐倡导攀登，绝不是让员工们都去爬山，而是希望通过少数代表们的攀登，引发更广大员工的精神共鸣，从而将之结合到实际工作和生活当中来。"7+2"攀登背后的精神内核是"自我认知，自我突破，自我超越"，但其导向的目标显然是业绩层面的，正如贾锋所言：“攀登精神就是自我超越，要实现认知的超越、行为的超越、业绩的超越。”

也就是说，攀登精神要为 2009 年以来的华耐转型升级、2016 年以来的大家居战略变革添砖加瓦、保驾护航。一方面，每个员工要积极改变意识和行为；另一方面，公司层面也要重新审视竞争力，在产品、组织、模式、品牌等方面寻找通往未来之路。与此同时，华耐还要继续进行业绩的“超越”。

业绩是销售型企业生存和发展的命根子，对于已经保持了 20 多年高速发展的华耐而言，这是固有的骄傲与荣光。如同习惯了近 30 年高速发展的国人似乎已经忘记了 40 年前穷得叮当响的日子，自 2017 年下半年以来，增长的发动机突然低速运行，引发的心理地震比起事实上的阵痛要强烈得多。伴随着文化建设的讨论，有关对华耐成长的反思也被空前放大。

有人说，好怀念“向红军学习”那几年，大家精神一致、行动一致，业绩噌噌往上蹿；反倒是“攀登”这几年，外部环境发生变化，公司的发展也遇到了巨大的挑战。

有人说，现在与其花这么多钱搞攀登雪山，还不如搞搞市场促销活动，多招揽几个顾客，多组织几次集体旅游，大家在一起乐和乐和。这样的文化建设来得更加“实在”，也更容易见得到“成效”。

甚至有声音传来：“那个队长爬山爬得很棒，这几年的业绩并不理想。明显攀登精神的旗帜也不能带来业绩上的提升嘛！”

对有关自己的议论，马建国倒是回答得很坦然：“在公司，我是一名销售人员、管理人员，又是一名登山者。在登山的时候我一门心思、毫无杂念继续登山，但是回归到工作中的时候，我会卸掉所有登山的光环，双脚着地。我不会认为完成‘7+2’或登上珠峰就不可一世了，这不符合我个人的性格。"

他说："我非常清醒我在华耐是做什么的。我的专职不是登山，但我希望能够在非专职领域，在特定的时间和特定的地点，做出我应该做的事情。我会对此有正确的理性判断，回归生活和回归工作，将登山的感悟用在工作上，分析市场更理性，工作更高效。当然，我也会用自己身体力行的一些感悟，感染我周边的同事。"

说到公司对他的评价，马建国说："华耐是一个讲究公平的平台。它不会因为你是登山队长、完成'7+2'而有任何的加分项，它更多看你的身体力行和带头的能力，以及企业的成长过程中你的贡献率。对这一点我有非常清醒的认识。"

对于攀登"7+2"所涉及的巨大投入是否值得，华耐的战略合作伙伴、蒙娜丽莎总裁萧礼标的回应似乎更加客观。他对建材企业如何做好品牌市场工作关注较多。在他看来，当下的市场环境，要想在市场上形成很好的市场营销反馈的效果，花费的成本是巨大的，各种类型的招商会、年度表彰大会，每次大会动辄几百万元、上千万元的投入，投入到推广传播这些活动的营销费用更为巨大。

"一句话，现在没有不花钱的市场营销活动。"萧礼标总结，"当然，品牌市场活动不能够简单地用费用指标来比较优劣，而要看实际的收益效果。但至少，华耐登山队的攀登计划吸引了行业内外的广泛关注和媒体传播，这就是一笔值得的投入。"他认为，这种投入比起行业的大型文艺晚会、经销商大会、表彰大会等花费巨大的活动，在实现手段和方式方法上不同，"同样是花钱的市场活动，华耐选择了一种特立独行的方式"。

腾讯家居总编辑张永志的看法则是："攀登精神体现了华耐家居开放的精神、宏大的格局。这种精神和文化带来的鼓舞和引领是巨大的，不能简单地从一时的产出比上评价，而要从精神文化的构建角度来评估，而文化就是要把钱花在看不见的地方，这起到的精神作用和获得的社会效益反而更为巨大。"

接下来，让我们再来反思最为核心的问题：文化与业绩之间究竟是怎样一种关系？

哈佛商学院终身荣誉教授约翰·P.科特是位著名的变革领导力专家。1992年他和另一位教授詹姆斯·L.赫斯克特合作出版了一本著作《企业文化与经营业绩》。该书通过实证方法对美国众多大企业进行了历时5年的相关研究，证实了企业文化和经营业绩之间的关系，终极结论被确定为企业文化从长期视角来看与企业业绩存在相关关系。

他们在书中指出："企业文化（特别是当它的力量十分雄厚的时候）会产生极其强有力的经营业绩。无论是对付企业的竞争对手，还是为本企业消费者提供服务，它都能促使企业采取快捷而协调的行为方式，也能引导员工在欢声笑语中掌握知识，跨越经营的险滩。"

既然如此，那么华耐的攀登文化建设实施这6年，为什么反而不如实施4年多的"向红军学习"的效果明显呢？

孙立国认为，"向红军学习"那几年之所以高速成长，有两大原因：外部是市场旺销，内部是激励机制驱动——那一时期公司提出的"高目标、高增长、高激励"的三高政策刺激了一线人员的积极性。

为什么实施"攀登精神"之后，尤其2015年之后，文化与业绩的关系不再那么有效了呢？业绩不彰的罪魁祸首究竟是不是攀登文化？

前文指出，业绩和文化未必是直接对应和一一对应，甚至也不是能够简单画上等号的。具体来说，业绩增长和企业文化是两条独立变化演进的线索，前者凸显的是企业内核硬实力；后者则是在业绩创造和增长过程中形成的员工共享的价值观和实践过程中的行为准则——这些文化成果一旦形成，在凝结成员共同意志、降低内部沟通成本、提高企业内外信息流通效率方面贡献突出，成为引发业绩快速增长，甚至是取得倍增效果的杠杆。这时候的企业文化才真正成为直接促成企业绩效提升的工具。

换句话说，当经营绩效保持一定的增长水平，企业文化会逐步成熟和固化；文化的固化反过来催生出一个相对稳定常态的内部环境，令企业文化的价值得以更大地发挥。

可见，业绩不理想的原因很多，有人的因素，有战略的因素，有体制的因素，有时候也有运气的因素。对此，贾锋倒是有清醒的认识："业绩（增速）下降了，不是文化出了问题，是企业经营策略出了问题。大家居战略在方向上没错，但在执行上的问题表现在：其一，急于转型，急于发展壮大，但同时缺少经验，推进的路径判断上出了问题，对互联网、电商的挑战认识不够清晰；其二，对中国经济的预判过于乐观，在追求规模、制定经营目标上，存在冒进和自大的成分。"

黄建平指出："任正非有一条很重要的理念：管理不能背离人性。一个领导者把企业文化过于神化、过于夸大它的力量要出问题。"他认为，华耐一些猛将很有工作能力，但对利益的诉求确实过了，但这是什么在诱导他们呢？这是华耐完全靠所谓的分配激励制度留下的后遗症。

第四章

文化硬核

第一节 ▲ 十年一瞥

十年心

在人生的长河中，十年是段漫长的日子。

在孔子眼里，它意味着变化："三十而立，四十而不惑，五十而知天命，六十而耳顺，七十而从心所欲，不逾矩。"（《论语·为政篇》汉人戴圣所辑《礼记·曲记篇》中说："人生十年曰幼，学。二十曰弱，冠。三十曰壮，有室。四十曰强，而仕。五十曰艾，服官政。六十曰耆，指使。七十曰老，而传。八十、九十曰耄，……百年曰期，颐。"）

时间是一把杀猪刀，也可以屠杀爱情。在夫妻关系中，人们都知道"七年之痒"的说法，殊不知还有一个"十年之痛"的理论，据犹他州杨百翰大学（Brigham Young University）的一项研究，结婚 10 ~ 15 年后，夫妻双方的关系最难维持。

在文人墨客那里，"多情自古伤离别"，十年意味着变化和离情别绪，苏轼著名的"十年生死两茫茫"，杜牧的"十年一觉扬州梦"，黄庭坚的"江湖夜雨十年灯"……还有清代纳兰性德的"背灯和月就花阴，已是十年踪迹十年心"。

那么，在华耐那里，"十年心"是什么呢？

2019年5月25日，张家口——华耐起家的地方，来自全国的30多位股东及160多位入职满10年的员工，在这里举行了一场盛大的华耐家居（2009—2019）荣誉员工感恩盛典。

他们将主题定为"时间的朋友"。这显然有借鉴罗辑思维创始人罗振宇的跨年演讲主题之意，所谓时间的朋友，就是做一件随着时间推移只会增值的事。这个短语用在这个时间节点上，颇有些意味深长。这一年，恰好是华耐"荣誉员工"庆典连续举办的第十个年头。

2017年12月底，罗振宇在第三届的跨年演讲中，提出一个观点：人生成就 = 核心算法 × 大量重复动作。而所谓的核心算法，就是你面对世界"最基本的套路"，用"套路"有些自黑之意，我们换个词——硬核[①]。显然，华耐是家颇有韧性的企业，荣誉员工庆典就连续举行了十年，实施"7+2"项目已耗了7年。那么，华耐的算法或硬核究竟是怎样的呢？

魔鬼和伟大都藏于细节之中。作为研究者我们专程赶到张家口，亲身体验了他们内部的活动安排。在两天的时间里，我们在几个场景下观察了诸多细节。

场景一：张家口华耐商业学校。该校位于张家口市万全区，自2004年起这里便成为华耐的培训基地，还保存着"向红军学习"时期从井冈山采集回来、一直在燃烧的"革命"火种。对这160多位"荣誉员工"来说，他们几乎全部都在这里参加过"新兵训练

---

① 网络流行语，原本用来形容说唱音乐和游戏，因此早有硬核说唱和硬核游戏的说法，后来使用的范围更加广泛，被理解为是一种很厉害、很酷、很彪悍、很刚硬的意思。

营", 10年前他们在这里一起军训、一起睡上下铺、一起培训, 结下很深的友谊。5月25日上午, 当他们再度回到这里, 看到校园墙上仍然挂着的十年前受训的照片, 有些还携手看过去住过的宿舍, 唏嘘不已。这些人十年前还是青涩青年, 现在已为人父母; 十年前还是基层员工, 现在有的已经成长为中层骨干。但无论如何, 他们在华耐这个集体中, 一起度过了、燃烧了激情岁月……

在这里, 一项重要的议程是"荣誉员工授章仪式"。贾锋站在操场的背景板前, 和员工一一握手、合影, 同时接过他们每个人写给总裁的一封信。这些信是员工对公司的建议, 贾锋都会一一阅看, 有的会直接回复。旁边, 四位高管一字排开, 一起帮助员工佩戴纪念章。

这里的场景并不豪华, 但具有意义; 仪式本身并不隆重, 但颁发过程仪式感和隆重感十足。

接近6月的北方, 中午的太阳已经很毒。160多人分成组、排成队, 一一在几位高管面前走过, 微笑、握手, 呈现彼此的心意, 背后则是斑驳的光影和峥嵘岁月。过去十年间, 他们一起奋斗并见证华耐快速发展, 又何尝不是对彼此、对华耐代表的工作和事业乃至自己人生的一份长情的告白!

午餐地点就在学校的食堂。这里没有领导席, 所有的高管都被分配到一个圆桌, 为大家"服务"; 这里也没有部门概念, 所有的部门都被打散, 目的是增进各部门的了解和沟通。这里也没有北方常见的劝酒 (下午也有活动安排, 不过笔者的确没有和贾锋在酒上论过真章), 贾锋和高管们敬的是茶水, 虽然没有一时之浓烈, 却口有余香。商校的活动安排, 一个最深的印象是他们强调"人人平等", 同时强调高管要服务员工、聆听员工、关心员工。

　　场景二：张家口电视台演播大厅。25 日下午，华耐家居集团荣誉员工感恩盛典暨 26 周年司庆在这里隆重举行。员工依然是这场盛典的主角，荣誉员工的两位代表上台分享他们的故事。每一份工作付出努力就有成果和满足，同时，一份工作和他们的家庭相关，甚至改变了命运。习惯了以广阔的视野和专业的角度分析企业经营韬略，我们倾听个体讲述他们的故事，会有另一种感动和启迪。

　　这一天，刚好是中国人首次登顶珠峰 59 周年纪念日。华耐特别邀请了一位中国前登山队队员、26 岁在攀登珠峰时因帮助他人受伤而截肢的夏伯渝老师。他与共和国同岁，失去双腿的他并未放弃自己登顶珠峰的梦想。2018 年 5 月 14 日 10 点 40 分，第五次冲击珠峰的他成功登上珠穆朗玛峰，成为第一个依靠双腿假肢登上珠峰的中国人；当年 12 月，他入选了感动中国 2018 候选人物；2019 年 2 月，荣获 2019 年劳伦斯世界体育奖年度最佳体育时刻奖。在活动举行不久前他还受到国家主席习近平的接见。

　　夏伯渝老师应邀参加了感恩盛典的"岁月鎏金"论坛环节。不过，与他对话的没有贾锋，也没有几位副总裁，而是 5 位华耐的十年员工代表。在论坛上，当 70 岁的夏伯渝老师说出"人活着，还是需要梦想的，否则将失去很多意义，所以想继续朝着攀登'7+2'的梦想努力"时，在场的人热血沸腾。5 位员工代表分享了自己十年间在华耐的逐梦经历。其中，广州销区 LD 品牌部的总经理陈锐光表示，过去十年间，他在华耐度过了不同的阶段，在每个阶段的角色中也承担了不同的使命和责任。尽管十年漫长，但他十分享受在华耐度过的时光，享受在华耐奋斗的过程，坚信"同心者同路，同路者同行"。装饰业务出身的蔡云英则希望自己在新的岗位上将华耐的整装工程做出成绩。

　　这次公司庆典同样颁发了各类奖励，主要奖励中基层人员和部门。其中创新奖项依然继续发布，奖励的重点在 2018 年的产品、技术、服务、营销、管理的基础上，增加了创意类，并更加聚焦在产品和用户体验方面的创新方案。不过，服务类奖项似乎更加突出，评选出 9 位服务品质卓越的"服务标兵"和 1 位"感动客户服务之星"。

　　贾锋亲自为服务之星颁奖。获奖者步洪杰是华耐蚁安居天津分部的一位普通安维技师，他获奖的原因是，在一年的时间里"完成服务订单 2800 余单，服务 2300 余用户，及时率、完工率等 100%，0 差评，0 投诉，并且一直用优质的服务感动客户"。现场播放了一个老太太讲述的故事：她家里角阀坏了，影响马桶的换装。步师傅毫无怨言，在小小的卫生间蹲了整整 4 个小时修理角阀，浑身汗透、双腿麻木。临走的时候给他钱也不收；偷偷塞到工具箱，他发现后又通过门缝给塞了回来。

　　末了，老太太特别感动："你说现在，哪里去找这么好心的人啊！"华耐倒没有忘记这个看起来很小的故事，这一次，勤奋朴实、兢兢业业的步洪杰获得了"感动客户服务之星"大奖。

　　场景三：酒店会议室。晚上安排的是全体员工的拓展培训，一个晚上培训的题目只有一个——共同完成一个游戏"杯子舞"。大家分成 10 组，每组围绕长桌形成一个圈，变着花样玩纸杯：翻、传、扣、击掌、拍桌……目测之下，动作相当复杂，个人尚不易学会，再加上还要兼顾团队之间的协同，难度更增几分。但两个小时后，奇迹出现了，伴随着非常美妙的灵魂音乐，各个组都在轻松愉快地演绎团队合作，现场掌声、拍桌声、扣杯声完全协调一致，仿佛在演奏一曲震撼人心的交响乐章。

这是一个团队合作项目，目的在于体验团队目标、沟通协作、团队节奏等项目，训练卓越团队。它要求每个成员在游戏过程当中不能出错，因此，将动作标准化拆解、对每个人进行训练是第一步。这是一个制定、执行和不断完善标准的过程。在此基础上，将杯子传递给下一个成员，就构成了团队合奏。小团队打出节奏，就开始上演大团队合奏，每个人动作发出声音的涓涓细流，终于汇成雄浑壮烈的黄河大合唱……

在现场，股东们都编在每个组之中，和这些十年员工一起起舞。那一刻，你感受的不仅是其乐融融，更是散发出的一种奇异的团队魔力。

这个时刻，可能是团队文化的最佳体现吧。

｜ 十年说 ｜

十年是个不短的时间旅程。一般而言，每个人都会迎来一个重大变化。

对于二十多岁的年轻人来说，他们进入华耐的时候，或者刚从学校走出来，或者刚从家里走出来，找到这份工作开始走向独立，用双手来创造自己的未来。他们的十年往往伴随着重大的人生转折：开始恋爱，组织家庭，孩子降生。

对于三十多岁的青年人而言，他们之前可能刚经历一次工作的重大变动，甚至因不满足于现状而从国企和小城市跳出来，进入华耐的十年间变得更加匆忙。他们可能又要开始照顾孩子和父母，唯独经常忘掉自己。对这些人而言，人生可能是另一种理解和感悟，或许少了很多趣味，但多了一些深入的思考。自己变得更加成熟。

如果是位四十多岁的壮年人，他加入华耐的时候正值精力旺盛、取得成就的阶段。这时孩子已经长大，开始上学甚至已经工作，过上小康的生活，不愁吃不愁穿。这个时候他可能在想：我的生活是不是就这样了？是否还可以更精彩？

上面是贾锋在 2019 年荣誉员工大会上绘声绘色的讲述。他说："这一个十年，我们每一个人都经历了很多。它既是忙碌的十年、激情的十年，也是成长的十年、收获的十年，值得相聚的我们好好回顾。感恩那个一直奋斗的自己，令我们都没有辜负这个时代。

"过去，我们离开家乡，是因为这里太穷了，太落后了，基础设施太差……然而，回过头来看，家乡也在发生剧烈变化，也在不断地抓住历史的机遇。"贾锋说，"其实，置身于这个伟大的变革时代，不管是个人、家庭、企业，还是国家，它们都在不断地前进，不断地进步，不断寻求新的机会。"

是的，家国天下事，得失寸心知。2009 年，中国一度为全球性的金融危机担忧，因为外贸和（外来）投资是过去经济的两大引擎。然而，这个古老而巨大的国家很快稳住了阵脚，对外开启了轰轰烈烈的"一带一路"宏伟倡议，对内促进供给侧结构性改革、推动消费主导型经济的发展；同时开展反腐工作，建设国家法制，推动产业升级，建设青山绿水，倡导道路自信和文化自信……经济虽然进入了"新常态"，但这个国家却在正确价值观的引领下，为中华民族伟大复兴不断奋斗着。

2019 年 9 月 30 日，数部中华人民共和国成立 70 周年国庆献礼片开始上映，其中最引人瞩目的当属《攀登者》，由吴京、章子怡、张译、井柏然、胡歌、徐克等著名影星和导演联袂打造。据说受到习主席接见的夏伯渝老师也是《攀登者》的原型之一。有人评论，这是对新时代"中国精神"的解读与致敬。这些参演者在拍摄之后对攀登有了独特的体会，章子怡说她的感受是："也许你穷尽一生都不会攀登到珠峰顶，但你心里一定要有一座山。那座山不一定要有珠峰那么高，但会让你永远有一个奋斗的目标。"

是的，整个中国正朝着新时代攀登，因为经过40年的改革开放，摸着石头过河、全面向西方学习的阶段已经过去，中美双方的贸易摩擦愈演愈烈，此时的中国无法依赖任何国家，只能靠自我信念、靠全体国人的奋斗和智慧，朝着内心更高的山峰挺进。新时代的中国，的确需要这样的攀登精神，走出一条自我奋斗、自力更生、自强不息的复兴之路。正如《国际歌》中所唱："从来就没有什么救世主，也不靠神仙皇帝。要创造人类的幸福，全靠我们自己。"

就这样，2019年，在倡导攀登精神6年之后，贾锋，这个当年从张家口走出来的"70后"，率领着中国家居建材流通服务第一品牌、27岁的华耐家居集团，与共和国的70岁生日在精神上奇妙地邂逅了。家与国的情怀正共鸣出新时代的旋律和乐章。

那么，在过去的10年，华耐经历了什么？

如果以10年为一个节点划分，华耐的整体发展经历了三个阶段：1993～2002年，第一个十年，创业阶段，它是以批发业务为主的流通商；2003～2012年，第二个十年，销售连锁阶段，华耐成为一家具有全国意义的家居建材流通企业；2013年至今，第三个十年，建模式阶段（也就是攀登阶段），华耐开始寻求自己的核心竞争力，建立一个以流通服务为核心并使之品牌化的现代集团公司。

当然，华耐内部的划分方法则是这样：1993～1997年，开创期，公司初显雏形，进军北京；1998～2008年，奋斗期，与上游厂家更多合作，销区向全国拓展；2009年至今则属于攀登期，这期间导入了"向红军学习""攀登精神"等企业文化建设，进军大家居市场，建立了新品牌。这种划分也属于十年制划分法，尤其是2009～2019年这十年间，一方面，华耐鲜明地导入了以"精神"为核心的企业建设；另一方面，2009年华耐已经开始探索转型升级。由于市场向好，原本进行的一些创新改革被忽略或推迟了。

无论如何，2009～2019年是华耐相当重要的发展阶段，也是本书从文化角度切入，试图研究和解读华耐发展与变革的真正密码。

2019年5月25日，贾锋在荣誉员工大会上讲话时，简单做过总结。他认为，过去的十年华耐的总目标就是不断快速地发展，"我们总是希望变得更加强大"。

他指出，近两年来，一些同事说市场竞争压力很大，工作难度也在增加。"没错。这是一个竞争更加激烈的时代，这是一个更加需要水平的时代。"贾锋说，"我们过去分享了长达40年的中国改革开放成果，但今天的中国走到了新的发展阶段。它已经全面地打开了国门，而且很多国家在施加更多压力，要求你更加开放。"

贾锋指出："这意味着我们的很多产品、我们的服务以及很多技术都要在全球化的平台上展开竞争。华耐接下来攀登什么，要怎么攀登，这是我们数千华耐人需要解答的历史课题。"

过去十年间，华耐经历了企业文化最重要的两个时期，前两年是"向红军学习"，2013年提出"攀登精神"并建立自己的登山队，迄今已有6年多时间。贾锋鼓励员工说，华耐人对此应该感到自豪，因为作为一个企业能够提前触摸到时代精神的旋律并率先践行，这无论如何都是一种远见；对于已经建设"攀登精神"的华耐人而言，这就是一种超前的预见。

回首过去，贾锋指出，过去26年华耐靠着勤劳、朴素、踏实的工作作风，勇于打拼，敢于攀登，塑造了现在的华耐。但在新的历史时期，要赋予攀登精神新的内涵："华耐的攀登精神就是要为社会、为消费者创造价值，实现别人没有的东西，不断提升我们的核心竞争能力。无论是对一个人、一个团队还是一个企业，这些才是能留给我们的永恒记忆，留下我们的符号——一种奋斗的精神。

"所以，今天我们要重新解读我们的攀登，就是要去创造、去改变，而不仅仅停留于过去的勤劳。勤劳固然必不可少，但是我们要让中国14亿人口享受我们的产品、技术和服务，如果没有一个更高水平的创新、创造，我们将永远只是辛劳而没有更大的收获。"贾锋说，"相信攀登精神将引领华耐，引领中国的企业，引领我们的国家走向更强大。"

| 十年文化路 |

从2009年开始轰轰烈烈地"向红军学习"，到2013年正式开始大张旗鼓地倡导"攀登精神"，再到2019年，不知不觉已经整整十年时间。这十年是华耐有意识构建并系统打造企业精神和文化的十年，也是其进行集团化管理的同时积极进行自身变革升级、力图找到通往未来之路的十年。

不能说在此之前的华耐没有企业文化建设，但显然近十年的华耐拥有了一种强烈的、与众不同的精神气质。它以打造企业精神为核心，通过全集团共建彰显出企业文化在公司运行当中的突出位置。

那么，华耐是怎么做的呢？显然，它的做法相当突出，具体实践值得研究。

提纲挈领。无论"红军"还是"攀登"，都是颇富场景感、内涵丰富的词，相比之前的"诚信、服务、合作、创新"这些通用词，"红军"和"攀登"显得更鲜明、更有个性，通过1厘米宽的点切入，做出1公里的深度，不但简单易记，而且很容易做出效果。聚焦、专注、极致是成功的基本法则，在注意力经济时代更是如此。

战略重视。"向红军学习"原本只是一个内部培训课程，但贾锋将之提升到核心精神的高度，反复强调，使之传递到整个公司。

项目落地。企业文化建设不仅仅是大会小会上的培训与说法，还要落地到会议的组织上、目标的制定上、仪式感上。比如"攀登精神"就建立专门的登山队、实现"7+2"项目，出征前、回来后均组织会议壮行、庆祝；比如"红军精神"方面，2012年贾锋投资，成立河北华耐同心公益基金，用于对革命前辈、贫困学生、见义勇为者及其他弱势群体进行捐助、扶持。

重视培训。无论是年初的特训营、新兵训练营、荣誉员工会，还是年中的经营会议、年底或年初的全年会议，他们都会安排相关的培训活动，通过视频、讲解、举行仪式、拓展训练等多种形式持续深化文化建设。

高管示范。无论是"红军精神"还是"攀登精神"，高管们都身先士卒，与大家一起进行各种特训、爬山徒步。在"攀登精神"阶段，贾锋也是亲自上阵。试想，如果没有了他的亲自参与，"攀登精神"可能没有这么深入人心和轰动，也不会有那么多切身的感悟。正如《未来的组织》（中国人民大学出版社，2006年）中所言："如果组织中的所有成员能以自己的行为去证明组织所信奉的价值观，那这个组织就是高绩效、高度自尊的组织。……以身作则是传播组织的价值观和所希望的行为模式的最有效途径。"

奖励制度。比如2012年，登上哈巴雪山的4名队员全部荣获当年的"华耐登山勇士",比如成立登山队、青年登山队都明确规定选拔标准,使之成为一种荣誉和优秀的象征。

宣传报道。这在"攀登精神"的实践过程中相当明显,登顶的队员们成为华耐的英雄人物,成为亚文化的意见领袖。这无论对内还是对外,都大大激发了员工的荣誉感和成就感。

高雪峰在其整理的企业文化项目内部汇报中,将华耐的企业文化建设分为12篇:一、分享(以模拟股份激励制为代表);二、攀登(以登山为代表);三、竞赛(团队间的营销PK);四、创新(每年进行的创新建设大赛);五、服务(服务之星评选);六、公益(社会慈善,互助基金);七、自律(员工十戒,干部管理条例,监察制度);八、功勋文化(金、银制勋章,华耐之星评选);九、学习型(EMBA,商学院,新兵连);十、员工关爱(荣誉员工庆典,一对一家访,一封家书);十一、团队建设(歌会,运动会,艺术赛);十二、奋斗者(倡导个人成长及担当)。也就是说,华耐在企业文化建设方面有着独特的群体意识、优良传统和行为规范,也不缺乏必要的制度建设。

因此,华耐在企业文化方面的打造脱颖而出,成为家居建材行业的一面旗帜,引发行业内外人士的关注与讨论,绝非偶然。它源于企业家的执念——念念不忘必有回响,更源于高度重视之下的强大执行力。尽管表面看来,无论是"红军精神"还是"攀登精神"的提出都具有随机和偶然的特点,但企业家在认知迭代——开始的想法和计划并不成熟和完善,在推动过程认识不断升级的过程中,华耐这个组织却展现出强大的敏捷性、灵活性和反应速度,同时又表现出相当的厚重感、稳定性和持久力。

在腾讯家居总编辑张永志看来,"华耐家居是泛家居行业流通商业中少有的系统组织能力强大的企业，这里面一个重要原因是其人才团队和组织体系建设"。他认为："这么庞大的组织单单靠物质激励肯定无法长久地走下去，企业必须要有价值认同，进而透过文化建设达到精神上的认同、思想上的统一。"

显然，这是个相当具有积淀又高度敏捷的组织。它一方面具备随着企业家思想起舞的速度与效率，另一方面一旦开始就不轻易放弃。当今很多企业存在的现象是，老板今天说东，就往东干，明天说放弃，组织一声不吭，这种组织看似响应快速、"强人"，却是一种"伪"执行力，很容易将企业带到十分危险的境地。

当讨论文化建设时，我们千万不要忽略组织这个前提，组织既是文化诞生的土壤，又是文化得以生长、成熟乃至变革的保障。在这方面，包括早期的模拟股份激励制、监察制度、阳光采购制度、重大事项议事制度、早期的荣誉员工座谈会制度等，华耐都着力打造一个以制度为纲的、公平公正公开的现代企业组织，充分发挥每个部门的专业性。

可以说，注重组织建设保证了企业的稳定性、专业度，每个部门人员专注于自己的职责和本部门、本岗位目标，而团队意识的强调则保证了整体的机动性、协调感和整体目标的达成。也就是说，虽然 2009 年之前，华耐没有外显性的企业精神和企业文化打造，但事实上，它在组织和团队层面为两者打下了深厚的能力基础，这才是令其无论是"红军精神"还是"攀登精神"都能在内部迅速落地实施、外部则引发相当关注的原因。

第二节 ▲ 文化硬核

︱ 精神还是文化？ ︱

我们先来厘清几个基本概念。

什么是企业精神？企业精神（enterprise spirit）就像一个人的灵魂，是指企业基于自身特定的性质、任务、宗旨、时代要求和发展方向，经过精心培养而形成的企业成员群体的精神风貌。

企业精神是企业经营管理的指导思想，在美国称为"企业哲学"，在日本称为"社风"。比如"亮剑精神"，比如美国 IBM（国际商业机器公司）的企业精神是"IBM 就是服务"。日本本田公司有两条"社风"：一是"走自己的路，不模仿别人"；二是"从全球的角度思考问题"。

什么是价值观？它是企业决策者对企业性质、目标、经营方式的取向所做出的选择，是为员工所接受的共同价值取向。它是一种终极信念，是解决企业在发展中的内外矛盾的一系列指导准则。它接近于过去所讲的经营理念，是后者的核心部分。比如，IBM 公司的价值观是成就客户、创新为要、诚信负责。

在上述两者的关系上，价值观是组织的是非对错、经营理念的评判标准，是企业精神的核心内容。

　　什么是企业文化？在 Z 理论创始人、最早提出企业文化概念的学者威廉·大内和国内经济学家魏杰看来："文化即公司的价值观。"后来，哈佛大学教授特伦斯·迪尔和麦肯锡顾问艾伦·肯尼迪在《企业文化——企业生活中的礼仪与仪式》一书中提出五因素论，指出企业文化是由企业环境、价值观、英雄人物、礼仪和仪式、文化网络等组成。当然，著名学者陈春花教授在其早期的书籍《企业文化塑造》中，赞同国内学者的普遍看法，认为企业文化指的不是战略、组织和制度等，而是成员信仰的价值及行为模式。她的观点是："员工的价值观目标、接受目标的方式、收集情报的方法、产生构想的方式、对冒险的想法等，这些才是企业文化的要素。"

　　在笔者看来，除了价值观和行为准则，企业文化还包括愿景和使命，这和价值观一样是企业赖以存续的基础。

　　在上述三者的关系上，精神是价值观的核心和升华，精神和价值观则是企业文化的核心。在实践过程中，企业文化通常简述为愿景、使命和价值观，因为后三者是文化建设的总纲：愿景提供方向，解决的是"向何处去"的问题；使命是组织存在的原因和目的，解决的是"做什么"的问题；价值观是指追求使命的生活方式。三者的关系是：使命是一切的基础，一切源于使命；愿景将任务转化为真正有意义的预期结果；价值观是实现愿景的方式和行动准则。

　　因此，简单来讲，企业精神是价值观的核心（或灵魂），价值观是企业文化的核心（或灵魂），而企业文化又是企业的核心（或灵魂）（见图 4-1）。只是在一些专家学者和企业实践中，要么将企业精神与价值观并列，要么将企业精神视为价值观的组成部分或干脆予以省略。

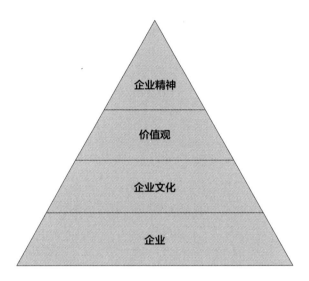

图4-1　企业、企业文化、价值观、企业精神金字塔

　　国内许多企业往往在运作过程中将精神口号化了。这固然是没有落到具体的行动、内化成组织成员共有的态度和行为所致，但它从另一个层面指出了企业精神的另一种价值，可以成为外界识别企业的一个极具个性化的符号，即通过对外部的传播树立企业的公众形象。

　　因此，在华耐内部，一些人经常将"向红军学习""攀登精神"简化为"红军文化"或"攀登文化"。这固然不太专业，但事实上也无可厚非。作为价值观的灵魂，企业精神的确可以这样代表企业文化建设，或者直接与之画上等号。这在企业内部和外部都容易记忆和传播。

　　只是，十年之内有两个企业精神，如果企业的核心精神这么容易变化，是否太过儿戏？还是它本来就是一种应时应需的运动式符号，只反映一时的价值取向？

在文军看来，"红军精神"的确是一种拿来式的借用，而且事实上它很快过渡到"攀登精神"，说明"向红军学习"是华耐企业文化建设的觉醒，在核心精神的推出上有一个从拿来主义到思想成熟的过程。也就是说，两者不是并列关系，而是递进、顺承关系，代表了华耐进行正规化、系统化的企业文化建设过程中的两个阶段：前者是自觉，后者是自知。

比如，在究竟什么是"红军精神"的问题上，经过集体头脑风暴，华耐将其浓缩为"红军五条"：第一，学习红军信仰坚定的革命意志；第二，学习红军不怕苦不怕累的革命精神；第三，学习红军勇于拼搏的革命作风；第四，学习红军乐于奉献的革命传统；第五，学习红军绝对服从与执行的革命纪律。而后来的"攀登精神"，华耐上下则解读为：目标坚定，突破自我，挑战极限，坚韧不拔，开拓进取。

"挑战极限"与"敢于拼搏"重合度较高；"坚韧不拔"是"不怕苦不怕累"的升级版；"开拓进取"与"勇于拼搏"相比加了点新内容——与时俱进；"目标坚定"与"信仰坚定"是一个意思，就是坚信华耐必胜。唯一明显的变化就是"绝对服从与执行"换成了"突破自我"。这背后的关键词是环境的变化，华耐开始重点要求员工们积极突破自我、创新进取。所以他们强调员工们要积极"认识自我、挑战自我、超越自我"，实现"自我认知、自我突破和自我超越"。

在陈春花教授看来，企业文化的发展会经历五个阶段（见图4-2）。

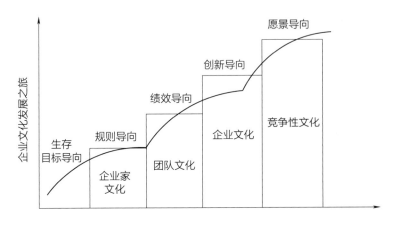

图4-2　企业文化发展的五个阶段

第一阶段：处在生存阶段的企业，为生存而奋斗，可以存活是最迫切的要求，所以价值取向是以目标为导向。

第二阶段：在企业家代表企业文化的阶段，企业应该构建规则体系，企业文化以规则为基础。

第三阶段：团队代表企业文化的阶段，这个阶段以绩效作为基础，厚实的绩效可以帮助企业构建系统能力。

第四阶段：员工代表企业文化的阶段，是以创新为导向，当每一个员工都能够发挥作用，企业可以接受变化和包容失败时，企业才有创新的能力。

第五阶段：企业文化真正形成的阶段，是以愿景为导向，企业具有了核心价值能力，可以用文化凝聚所有人从而获得强有力的竞争地位。（陈春花，《陈春花谈企业文化》，"春暖花开"公众号）

按她的划分，华耐的企业文化建设阶段是这样的：1993 ~ 1997年是生存期，是目标导向的阶段，而1998 ~ 2002年则是开始建立规则导向的企业家文化阶段，2003 ~ 2008年则以进行深度分销和青春歌会大赛为标志，宣示华耐进入了绩效导向的团队文化打造阶段，而 2009 ～ 2019 年以华耐的转型升级和"红军精神""攀登精神"为标志，显示其进入了以创新为导向的企业文化塑造阶段。

2016 年 12 月，有记者问贾锋，为什么选择登山？他的回答很简单："因为想改变。"一个企业要发展，关键是要突破自己，这就需要一种精神力量，需要一种不断挑战自我的"修炼"，登山恰恰就是最好的注脚。在另一次采访中，贾锋干脆指出，攀登精神的背后就是创新精神和转型精神："一个企业家，最重要的素质就是敢于挑战、敢于冒险、敢于变革。挑战强大的事物不但要有力量，而且需要一个成长的过程。当面临阻力时，拿出登山的勇气与意志，克服一切困难。永不退缩和细水长流是做企业的硬道理，中国家居行业需要改变、需要'攀登精神'。"（《华耐家居贾锋：登山是因为我想改变》，腾讯家居，2016 年 12 月）

｜ **价值观驱动** ｜

2013 年 5 月 26 日，成立登山队后不久的华耐 20 周年庆典上，总裁贾锋正式发布了《华耐家居集团企业宣言》，对华耐企业文化的核心——愿景、使命和价值观进行了重新修订。他宣布，面向未来的攀登之路，会统一全体华耐人的梦想、承担华耐发展历史使命和责任，共同遵循华耐统一的价值观。

使命：我们将积极推动行业创新，引领行业变革，创造积极健康的行业环境，不断履行行业社会责任，为消费者提供更具价值的产品和服务，谋求社会对家居建材行业的广泛认可和尊重，并通过华耐人坚持不懈地奋斗，实现"成就美好家居生活"的企业使命。

使命诠释的是一个组织为什么而存在，存的意义是什么，它究竟要什么和不要什么。

愿景：华耐家居集团致力于打造中国家居建材流通领域第一服务品牌，并努力成为中国家居建材行业的领航者。

愿景则是一个阶段性的目标，是五年、十年或数十年以后组织的样子。

企业价值观：乐于奋斗、勇于担当、共赢分享、至诚合作、持续创新、成就客户。

价值观是实现使命和愿景前进路上的指导方法，是做事的方式方法。

那么，相比过去，它们究竟有什么变化呢？

在过去，华耐家居集团的前身华耐立家建材连锁的使命为"致力于成为行业服务标准的实践者、推行者、领航者"。也就是说，原来的华耐希望成为服务（包括销售）标准的制定者和引领者，就是定标准的那个企业，修订后的使命则变成"成就美好家居生活"。内涵和外延大大扩大了。同时，新使命还界定了达成的方式：以创新引领行业变革，提供更具价值的产品和服务，以履行社会责任令行业更受尊重。

在愿景方面，过去的华耐立家期望成为中国建材行业瓷砖、卫浴流通领域连锁品牌。新愿景加重了"服务"的观念，相当于继承了原愿景中关于服务的目标，与此同时，扩大了行业边界，提升了愿景的高度，要"成为家居建材行业的领航者"。它要与领先的制造品牌、卖场品牌一样成为家居建材行业的新高度、领航者。

接下来要谈到企业文化的核心——价值观。过去，华耐的价值观是"诚信、服务、合作、创新"。修订后的价值观更强调目标感。五个词中前两者"乐于奋斗"和"勇于担当"是态度责任，中间三个"共赢分享、至诚合作、持续创新"是动作，而"成就客户"则是目的。看起来，原来的"诚信"放到"担当"和"至诚合作"中了，"服务"则包含在"成就客户"之中——只不过前者强调方式，后者强调目标。"合作"和"创新"则没有大的变化——创新加了"持续"二字只是强调其紧迫感和长期性。

最大的变化倒是加入了两个词："奋斗"和"分享"。这似乎有传承过去、不忘初心的意思，因为"奋斗"是华耐人已经"共同形成并始终保持的精神风貌"，步入新时代，希望继续保持并传承这份创业的激情和工作作风。"分享"则是华耐分配激励机制背后的核心思想。

不止一位高管介绍，华耐高速成长的秘密就在于"机制 + 文化"，前者提供了以分配为核心的物质激励，后者则强化了不离不弃的情感纽带。因此，贾锋很早就意识到了组织管理的两个观念：物质是基础，是保障；精神是归宿，是寄托，也是创造更多物质的巨大力量，对销售型企业而言甚至是全部力量，得人心者得天下。他两手都要抓，两手都很硬。

不过，机制的背后显然就是"分享"的价值观，这可能也是修订后的价值观加入这一词的原因。有人说，华耐的分享机制是行业内都领先的；甚至跨出行业比较，比善于分享的苏宁走得还要远。也有人分析这种机制的好处显而易见："它是核心干部的利益分享平台，能够充分发挥每个人的积极性、主动性，吸引更多人才到异地开疆拓土，形成全国连锁之势，一举解决了跨区域经营、本地化融入、内控监管和文化差异性等问题，抓住了核心，在公司扩张时期发挥了很大作用。"

让我们再看过去的几个关键词。尽管看起来是相当通用的词，华耐在落实价值观方面，或者说言行一致方面做得相当到位。比如"诚信"，鲜明地体现在对模拟股权分享、奖励制度的执行上，也体现在对董事会制度、监察制度等各项制度的执行上，这的确是一个言出必行、有诺必践的企业。比如"合作"，华耐与唯美、乐华、蒙娜丽莎等二十多年的战略合作，互相欣赏、互相支持，可谓惺惺相惜，成就一段佳话；华美立家、中陶投资公司也是合作的典范。

在服务方面，过去对消费者的服务更多体现在配送和安装上，在市场旺销时期这方面的重要性并不容易凸显；现在服务则是其核心竞争力的一条主线；在公司内部，华耐的服务意识还是非常突出，主要体现在总部对一线的服务支持、职能部门对业务部门的服务支持和上级对下级的传帮带的行动上。这使华耐历经27年的发展，依然没有规模企业身上的官僚习气。

至于"创新"，这是一个企业常用、共享的词。总体上华耐的创新意识还是不错的，因为在业绩驱动之下，销售是唯一的证明，各个业务部门必须想方设法提升销量、保住销售额。因此有人说，在家居建材行业，华耐作为流通企业比制造企业的创新营销能力要强，因为它离消费者最近，承受的经营压力最直接，创新求变的欲望更强烈。

贾锋倒认为，创新工作虽然常常提、时时做，现在回首起来做得并不够："表现在，华耐没有走出成熟的发展道路。在经营路线的选择上，对发展和创新的理解比较平面——更多表现在规模层面、财务层面，缺乏模式上的创新，缺少深度的挖掘。"

企业文化应该得以认真落实，找到正确的战略是应有之义，因为，价值观是制定战略的重要依据，优秀的企业文化为战略的制定、实施与控制提供正确的指导思想和健康的精神氛围。正如马云所言：使命、愿景和价值观强化好了，"基于这三样东西，你再来考虑你的战略"。

不过，马云也给出了另一个观点，即企业文化和价值观不是靠自觉，而是要靠考核。他说："公司要建立很多制度……是制度重要，还是文化重要？一定是文化重要。制度是用来强化文化的。你的制度是强调使命、愿景、价值观。"（《使命、愿景、价值观是什么？》，虎嗅网，该文章整理自 2016 年 9 月 10 日马云在湖畔大学亲授的首部公开课"湖畔三板斧"）

阿里巴巴的做法是，将业绩考核与价值观挂钩，每年的年终奖、晋升都要和价值观挂钩。这样的考核每季度都要进行。但华耐的做法显然并非如此刚硬，它向员工提供宽松的工作环境，且给予充分的信任，要求的也是对基本管理制度的遵守。比如在其 2001 年制定、2012 年修订的员工行为守则《员工十戒》中，约束的是公司财产管理不善、财经纪律不严、职务受贿、诽谤公司、泄密、假公济私、弄虚作假、滥用职权、纵容包庇等行为。

这并非华耐对价值观的落地无动于衷，事实上它的做法更多、更系统，只不过，这些做法更多是引发式的、柔性化的。

企业文化建设的核心就是价值观和行为准则。前者是核心思想，后者则是员工的行为规范。言与行一致，企业文化发挥的作用就变得坚韧、强大。

然而，囿于环境、场景和变化，即使是一个人的核心观念和他的行为也可能存在差别，何况是一个由数千人组成的团队。短时间内的集体游戏只是一种短暂的微缩景观体验。真正置身于企业发展的洪流中，家国天下事都在施加强大的环境影响，同乐分钱当然值得欣喜，但大多数时间都不是攀登至顶欢庆的时刻，而是行走在艰险、望不到头的路上。而且即使到达一个山顶，对企业而言，它只是向另一座更高山峰挑战的起点，而且，似乎没有尽头。

因此，从价值观到行为习惯的道路是企业最难的道路，事实上，它是一座通向人心的高峰，比业绩的实现、制度的制定、区域的征伐、产品的研发甚至模式的制定、品牌的打造更难数倍。而且，攀登这样一座高峰对企业而言似乎更为"凶险"，因为它不能立竿见影，投入一笔钱就可以见到一个工厂、车间，或得到一块市场、建立一个部门。对很多企业家而言，在这方面的过度投入可能变成一串串肥皂泡，从投资回报率角度看似乎相当不划算。

正因为如此，它被西方的学者们视为核心能力，由此而建立起来的竞争力则为核心竞争力，因为这样的文化一旦形成，将具有强大的力量。这对企业而言将是一笔巨大的隐形财富，在企业发展壮大的路上也影响深远。

文化硬核

综上分析，华耐的文化系统的核心在于"攀登精神"。这种精神以修订后的"乐于奋斗、勇于担当、共赢分享、至诚合作、持续创新、成就客户"（其实可以加一个"攀登精神"的核心"自我超越"）等价值观为依托，确定了清晰的文化标准。这种文化为每个员工的日常工作和行为提供了指导。

它们可以统称为"攀登文化"。攀登并非唯一的内容，因此不能用一元论的价值观来评判。那种一说起攀登文化就将"攀登"两字贴在组织行为的各个层面的做法，无疑太表象化了，这种简单的重复，顶多算一个强烈的视觉识别系统。从这个角度来讲，学习"红军精神"显然要比打造"攀登文化"更具有视觉冲击感和场景代入感。

不过，华耐在攀登精神的塑造上也有一大创新，即建立一个华耐登山队的组织机构，并实施一个令人热血沸腾的项目——"征无止境 7+2"全球挑战之旅。这种项目不仅是全球首创，而且在企业文化建设上面，也令华耐高高举起一面创新的旗帜。

在《未来的组织》一书中，两位企业家（第一数据公司的主席兼首席执行官里克·杜凯斯和 Keilty-Goldsmith 公司的总经理保罗·加斯克）在《未来"大"组织》一文中指出，"清晰明确、有凝聚力的公司价值观"应当"始终如一地贯彻到整个业务过程中"，他认为，"组织文化必须与业务目标一致，并支持业务目标"。这是必然的，作为一个软性力量的存在，它和制度一起服务于组织的目标。

从这个角度讲，攀登精神的提出其实和公司的发展阶段与组织目标是相当一致的。

华耐拥有强烈的业绩文化传统。这是其二十多年来保持快速增长的强烈驱动力量。它表现为：第一，一线意识、目标意识，过去二十多年的发展中，贴近一线、完成业绩目标是最大的战略之一。第二，竞赛文化，公司内部不断地展开团队间的业绩 PK、各个工作指标 PK。这已经成为华耐公司文化的一部分。第三，重金奖励业务创新和业绩突破，比如对大客户部的重奖、对电商部门的重奖，都显示出这家企业强烈的业务主导的传统。

因此，即使在攀登精神的建设上没有特别提及"我的7+2"，即使那些事业部门没有叫"攀登一队、攀登二队……"，也没有在业务部门设置"教练""领队"的职位，但"攀登精神"和公司员工的业务都有着强大的心理关联。

我们再从制度上加以审视。虽然，从狭义上讲，文化不应包括制度，但制度原本应该成为文化的护卫者。这方面，华耐的分配激励制度，服务和创新方面有服务之星和创新大奖的评选；还建立了功勋贡献者评选奖励制度、金银质勋章和华耐之星评选，用于奖励对公司做出重大贡献的员工。

也就是说，从公司层面上，对价值观的捍卫是有制度保障的。比如2019年的服务之星获得者花几个小时帮一位老太太修好了角阀。虽然他这个举动没有创造多少"业绩"，但身上体现了"成就客户"的价值观。

只是，在制度层面上，华耐似乎更强调公司的完全责任，即提倡、奖励和制度保障，因此它更多是在引发员工向价值观靠近，而没有像阿里那样直接与制度考核挂钩。这样就会产生一个问题：员工不认同企业怎么办？

除此之外，华耐在企业文化建设方面突出的一点是：坚定地对员工进行投资，为员工塑造一个稳定、温暖、学习、向上的工作环境。

此外，华耐还出台了干部自律条例，明确了包括亲属回避制度、竞业条例、黑名单制度等在内的相关制度规范，建立了监察体系……进一步规范了制度建设，初步建立起了一个公正、公开、透明的环境，让公司可以在一个健康的环境中运行。同时，华耐的习惯是，总部看重一线，上级关注下级。这种透明化、服务型的制度化建设给了员工很大的安全感、成就感和自我实现的空间，进一步提升了团队的信任度，让公司的人力生产力水平进一步提高。

我们研究发现，除了强烈的业绩导向，贾锋的另一个"战略"则是打造一支强悍无比的团队。这表面上看似乎是华耐以业绩为导向的必然选择，但事实上，它已经足以单列出来与业绩并列为华耐的战略。把业绩做大固然是贾锋的目标，但这远非他追求的全部，他孜孜不倦地一路吸引人才、花大量的精力与之沟通，他要求公司对之进行系统的投入，兼顾他们的各种需要。在贾锋的心中有两个基础观念，人类的璀璨文化就是精神执念的结果，它的能量无比强大；华耐事业的壮大有赖于更多优秀人才的加入，而他的使命在公司做大做强的同时，让这个小社会成为"探索社会进步"的一支力量。

公司的目的是盈利。在贾锋这里，拥有一支能征善战、将集体事业持续做大做强的不断壮大的团队，一起享受公司强大带来的收获与满足，成为行业的领航者，让行业和企业都受社会尊重，是比盈利更激动人心、更瑰丽壮阔的图景。

因此，华耐的企业文化建设不能说是十分专业的，却是极具特色的；它在系统化上或者有漏洞，在局部创新和坚持落地方面却有优异表现，个别措施甚至超越大多数的中国企业。它是一个中国本土企业文化打造的典型，有质朴、渐进性、快速迭代的特点，也充满了浓郁的华耐"智造"风格——内心价值的弘扬与表达。正是因为如此，它的实践与探索才具有更广泛的参考意义和借鉴价值。

华耐的"攀登文化"在内部引发了三大反思：参与者少、组织缺位、业绩不彰。在我们看来，参与者少并非问题的关键，也不能构

成批判"攀登文化"建设的借口，因为任何一个主题都不可能人人
参与，人人参与带来的作用也未必一定比代表队带来的效果好。"组
织缺位"的说法也基本不成立，因为攀登其实与华耐所处的历史阶
段、战略目标和业务联系密切。唯一缺的也许是新价值观如何应用
到对员工的考核上，以及除了华耐登山队，其他部门诸如人资、总
裁办、商学院以及各业务部门应该如何将攀登的精神落到日常的管
理中——事实上这些基本工作都在做，只是不如"红军文化"时期
表现得那么明显。

第三节 ▲ 文化的变革

| 紧迫感 |

《企业文化与经营业绩》一书指出，在企业绩效提升的过程中，企业文化先是伴随而生，成为企业业绩增长副产品的合集；一旦企业文化独立形成体系，则拥有了自己的力量，反过来促成经营业绩的倍增。

同时该书指出，假如遇到内外环境变化，企业文化可能"成为阻碍业绩增长以及企业战略和战术变革的绊脚石"。

也就是说，多数情况是，企业外部环境是瞬息万变、不断演化的，此时更需要适应全新环境的企业战略、经营策略以及全新的产品和服务，也要求企业成员在行为准则、思想理念层面进行全新变化，也就是进行文化重建，以适应经营状况的变革。在此情况下，已经成熟固化的企业文化可能扮演着"业绩杀手"的角色。

这两年，华耐业绩增速的放缓是战略实施过程中判断与把控所致，但在陈春花教授看来，"总体而言，经济的发展是一个文化过程"，"虽然短期的经济行为可以用经济逻辑来解释，但长期的经济行为一定会进入文化逻辑"。(《陈春花：企业文化变革，路虽远行则将至，事虽难做则必成》，"春暖花开"公众号）也就是说，短期的业绩下滑背后有着长期的"文化逻辑"。

这里就牵涉到一个话题：企业文化的变革。也就是说，和企业一样，企业文化也必须随着时代的演进进行更新，随着企业的转型升级展开变革。

很多企业往往忽视了企业文化的作用，原因是它是与企业长期的经营活动相伴而生的，是一种"被动的产出"。这些自然形成的企业文化传统和行为习惯大多对企业经营没有明显的作用，尽管很多企业家认识到其重要性，但很少将之作为前三项的关键思考和行动议题。

同样，在变革过程中，大多数企业家忽视了文化带来的深刻负面影响。变革领导力方面的专家约翰·科特在其著作《变革之心》中指出，70% 的变革会无果而终，只在 10% 的企业中变革超出预期。

原因在哪儿呢？往往不是出在战略、制度和流程上，而是出在员工们的态度上。任何组织在开始变革的时候员工们的态度往往是怀疑或反对的，支持者寥寥无几。

企业再造和业务流程理念的创始人、世界著名管理学家麦克尔·哈默说："2/3 的企业变革都已彻底失败，都是员工不愿意继续提供支持，以及管理层——尤其是高级管理层自身的无能和恐惧造成的。"

有人撰文分析，人们拒绝变革的原因包括：首先，它往往会直接威胁到员工的经济利益、社会地位、个人权威；其次，大家没有达成共识，很多人觉得无须变革；最后，文化与行为所具有的惯性和惰性，背后也有着深刻的人性因素。

那么，有没有利益方面的因素呢？现在看来，应该是有的。机制一直以来被很多人——尤其是各销区子公司和相关业务部门视为华耐高速发展的法宝。2004～2013 年"机制经"整整唱响了 10 年。机制给员工带来了发展和共享，员工反过来对机制产生了惯性并习以为常。因此，在 2015 年推进集团化管理、2016 年进军大家居的时候，一些前线指挥者的调动和提拔对他们来说反而意味着利益受损。

当然，利益是通常会考虑的一个因素，但那些与贾锋一起打拼天下的将士也不至于只重利益，否则也不可能与他共事这么久。因此，利益的考量只是一个局部参照，并非全部。在我们调研的将士中，许多人身上充满着华耐的奋斗者精神：业绩为先、执行力强、敢打硬仗、吃苦耐劳……

但也不排除许多员工固有的思维模式和行为准则会阻滞企业采取所需的战略和战术。这就是企业文化存在的副作用。文化不是一成不变的，而是必须与时俱进的。

华耐拥有众多十年以上的老员工，这是其企业与文化的魅力所在。这些员工拥有忠诚、奋斗、执行、信任等优秀的品质，也是过去华耐成长壮大的基石。他们对华耐的变革有没有共识？能否适应和支持华耐在模式、管理、机制乃至产品方面的急剧变革？

另外，自 2014 年以后大批外部人才进入华耐，他们没有经受过历史和文化的洗礼，可能在文化理解与认同方面存在差异，但他们有专业、智慧、创新、求变的能力，渴望在新时代建功立业。过去成熟的平台和文化是否给他们留出了空间？新旧文化的激烈碰撞能否交融出一种变革的合金文化？

在约翰·科特看来，要想变革成功，其中第一个步骤是：建立真正的紧迫感。

那么，华耐有没有变革的共识呢？总体而言，它奉行的是一种渐进主义的温和改革，表现在：首先，更注重在业务线上的改革，无论是大客户、电商还是大家居，都是业务的调整。这当然无可厚非，但伴随着 2009 年以来的转型升级，显然在营造变革的氛围或者说紧迫感上做得并不充分。

其次，"攀登精神"拥有丰富而深刻的象征表达，但对组织层面的变革思想并没有清晰揭示。比如"攀登精神"的核心是"自我认知，自我突破，自我超越"，但这究竟对这个企业意味着什么？大家并不清楚。这也导致员工在推进攀登文化时陷入片面理解和迷茫中，是想通过爬山之类的活动提高个人的思想深度和修养，还是希望督促大家健身，过上美好的生活？在 2016 年之后，贾锋在内外部的讲话中才提及，华耐需要变革，"攀登就是变革，'攀登精神'就是创新精神"。但即使如此，这样的声音在企业内部也是偏弱的。大家似乎有意回避环境正在发生的深刻变化和对企业提出的全新挑战，不敢直视变革，只将业务层面的创新当作核心要务。有的人是鸵鸟态度，观望犹豫，有的人可能是不敢面对真相，不敢开启大刀阔斧的变革。

也就是说，没有在内部、在组织层面提出令人向往、如"7+2"攀登般令人热血沸腾的改革目标是攀登精神实施效果显得不足的根本原因。这也造成诸多误解的产生：有些人认为攀登精神就是爬山，有些人认为攀登精神是一种情怀……这背后与没有鲜明地扯起改革的大旗、树立改革的愿景有关。为什么华耐不能说要展开二次创业、重建华耐、打造基于过去 27 年的核心竞争力呢？

自 2009 年起华耐已经历 11 年的转型升级，2015 年到现在更经历了三四年的战略调整，但这种变革仍然没有展现出清晰的方向和路径，以至于有战略伙伴说"时间显得长了些"。当然，我们可以理解，经历了 20 多年的高速发展，华耐进行一些盘整是必要的，也是一种必然，毕竟如登山一样，企业不可能沿着一条上升曲线往上，还可能经历暂时的曲折甚至下行。这个时候的华耐，或者如张瑞敏所说的正处于"雾中前行"之中，或者如歌中所唱的——"在路上"。

但无论如何，攀登精神可能不仅仅是一种认知、一种突破、一种超越。作为一个文化建设，它必须提供清晰的方向和目标，并在此大力营造紧迫感。这样才能促发企业文化变革的真正产生，才能为华耐的再造革命提供巨大的动力。

当前，攀登文化建设似乎到了这样的关键时刻，因为华耐已到了战略抉择的关键时刻。

｜ 新共识 ｜

需要清醒的是，文化的变革不是一件轻而易举的事。

在影响业绩的诸多因素中，促销呈现出即时性，因此日常使用；渠道最为直接，一年即可发挥效力；产品力、管理则需要 2 ~ 3 年方见真章；模式、战略 3 年才会成型；品牌则需要 5 年深耕……

文化呢？研究表明，一家企业要真正实现从旧文化向新文化的转变，需要 5 ~ 10 年甚至更长的时间。比如，通用电气公司前总裁杰克·韦尔奇实施的文化变革工程历时 12 年；IBM 前首席执行官路易斯·郭士纳也花费了 5 年的时间才建立起新的 IBM 文化，让大象跳起舞来。

企业文化中的使命、愿景和价值观虽然对战略目标的制定有着指引作用，但一旦战略目标确立，企业文化必须充分发挥凝聚力的根本功能。这种凝聚力简单来说就是达成共识，所谓"人心齐、泰山移"就是这个道理。

很多人认为达成共识是一件很难的事情，在长期研究企业文化的陈春花教授看来，方法还是有的，关键是是否关注为达成共识所必须做出的努力。她指出："达成共识只需要做到四件事情：共同的事物、共同的语言、共同的举动、共同的感受。达成共识不是太难的事情，只要我们善用工作环境、工作服装和工具以形成共同的事物；善用管理制度和激励手段以形成共同的举止；善用公司用语以形成共同的语言；善用公司的形象以形成共同的感受，企业的共识也就达成了。"（陈春花：《企业文化变革，路虽远行则将至，事虽难做则必成》，"春暖花开"公众号，2018年6月）

企业文化变革要改变的是人心，也就是人的价值观念和行为习惯，因此历时长久，无疑是一个全面而系统的工程。在陈教授看来，文化问题不会自行得到解决，仅仅实施零星的努力，并不足以支持一个全面、长久的文化变革。文化变革需要时间、耐心和坚持不懈，需要从领导者到员工的共同努力，需要拥有一套系统的变革流程和步骤：第一，描述现有的企业文化；第二，构建新的企业文化体系；第三，制订文化管理计划；第四，执行文化管理计划；第五，文化监控（见图4-3）。也就是说，想要实施文化变革，以适应新的战略，必须将文化变革当作一个重大工程项目予以实施。

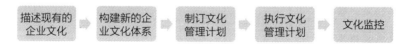

图4-3　企业文化变革流程

从这个角度看，华耐在打造攀登文化方面还需要解决以下问题：

第一，这个文化项目缺乏明确的责任主体。只有一个组织——华耐登山队，但它是实施文化表层行为的主体，推进"攀登文化"变革在内部的计划、实施和监控方面的主体并不明确。

第二，"攀登精神"在创意上极具新意和独特性，但在项目实施上缺乏充分、系统的论证和整体方案。实施过程显得比较随意，缺乏计划，更缺乏整套的实施和效果监控。

第三，公司虽然出台了新的精神和价值观，但缺乏与广大员工有效的讨论，员工在实施的过程中参与性不足——这里的参与性不是指登山行为，而是指公司的精神与价值观如何围绕战略目标的实现在每个部门、每个员工身上落地。

第四，由于上述几个原因，导致"攀登精神"在落地层面缺乏完整的闭环，相关链条的衔接靠的是自觉、既有文化（如业绩、执行）的协同支持。因此，整个"攀登文化"的打造看起来更像是一个外部品牌工程，它对内起到的作用更多是感知和引发。这会大大减弱文化建设的实施效果，达成共识的目标更加不容易实现了。

第五，在推进以攀登精神为核心的企业文化过程中，2013～2016年华耐的发展成绩有目共睹，但企业没有适时地强化这种成功背后的文化属性，即用局部的成功强化大家对攀登精神的共识，反倒是2017年下半年到2019年的业绩增速放缓和瘦身行动双重打击了员工的信心，因此带来思想上的一些冲突。

思想上冲突的根本原因并非文化建设不力，相反，是很多员工对战略目标和实施路径的迷茫，是对是否坚持变革、建立核心竞争力的迷茫。因为，华耐近两年的调整是一种蛰伏、一种缓冲、一个权宜之计，是跃进大家居的一种暂时性反动。它必须要尽快找到清晰的战略方向，形成新共识，聚焦、专注，成就极致，形成华耐独有的产品、模式和品牌及独有的核心竞争力，进入发展的"新常态"，攀登文化的变革才算真正完成。

需要指出的是，由于观念和行为的改变需要较长时间，大多数企业在文化变革中会采取渐进型变革的方式。这可以给员工较宽松的自我转变环境。如果期望在短时间内根本改变长期形成的文化与行为，势必引发员工们的激烈抵制，因此，华耐总体上推进"攀登文化"变革的节奏是可行的。尽管似乎经历了7年的时间，在业绩上的效果有待彰显，在执行上没有形成清晰的闭环，但已经形成强烈的"攀登文化"现象，对很多员工产生一种较强的吸引力。

但是，渐进式的改革往往容易丧失对问题的警惕性，造成推进过程中的妥协甚至放弃。因此，企业领导者们必须保持方向的清晰、目标的坚定和实施的坚韧，创造足够而持久的舆论氛围。

华耐现在需要讨论的绝非攀登精神是否有效、是否必要、是否取消或更换的话题，而是将注意力快速从"7+2"的世界攀登之旅上转移到企业内部如何深化"攀登文化"的问题。因为，华耐今天所面临的挑战，绝不仅仅是产品品类的增加、业务线条的丰富、经营区域的扩大等业务层面，而是已经触及战略制定、管理集团化的同时如何保持业务单元的竞争力、独有的产品（服务）和品牌等深层运营层面。业务的扩大只是横向的复制与扩张，而现在的华耐面临的是向上寻找核心竞争力的垂直攀登之旅。

可以说，文化方面的变革与塑造同样是华耐的另外一场攀登。作为一个流通性企业，华耐将人视作最具价值的资源，付出了大量的心血，对凝聚团队、带动公司发展起到了关键性的作用，并初步建立了富有特色的企业文化。它在未来能否在文化方面持续深化和变革，在支持公司战略目标实现的同时，建立基于文化的核心竞争力？假如这一天能够到来，那么华耐贡献的将不只是一个企业文化建设实施的本土案例，更是打造文化竞争力的顶尖中国企业实践，因为，一旦拥有了这样最高层次的竞争力，彼时的华耐将很难被模仿，无法被超越。

虽然这个命题看似很难，不过"没有比脚更长的路，没有比人更高的山"，华耐的足迹能踏遍地球的九大制高点，能在二十多年的岁月中在家居建材流通业一枝独秀，正是因为它有这种强悍的精神气质：品幅起于乡野，但心向京畿；虽做的是生意，却胸怀天下。他们目标高远，可达九天；执着攀登，气冲霄汉。企业文化的塑造与变革道路虽然颇多阻碍，历时漫长，虽然不能立竿见影，但如果真正得到企业的高度重视，在专业度和项目实施上狠下功夫，在保持决心和耐心的基础上坚定不移、坚持通向人心的攀登，一定可以建立华耐新的、以价值观驱动为核心的竞争优势，打造出其核心的竞争力。

第五章

华耐，向何处攀登

第一节 ▲ 向前，业绩增长

| SWOT 分析 |

巨变正在发生。

2017 年以来，不好的消息不断传来。

第一，2017 年下半年以来房地产政策开始收紧。2018 年更是持续加码：限价、限购、限售、限贷、限商、限企、限地，总结一个字就是"限"。这次限购力度之大、持续时间之长令观察人士惊讶，"房子只住不炒"的理念正在深入贯彻。这是与家居建材行业高度相关的行业，大中型城市和经济发达区域持续的限购令整个行业低迷。

第二，2017 年美国总统特朗普上台以来，挑起了全球范围内的贸易争端，并于 2018 年 3 月正式开启对中国的贸易摩擦，此后不断升级，扩大到技术、留学生政策等多个领域，将从中国进口的全部 5000 多亿美元商品加征关税……直至 2019 年 10 月依然没有降温的迹象。尽管家居行业未处于贸易摩擦的前沿阵地，但对家居建材行业的冲击还是非常明显的。

真是十年一个周期。2008 年世界金融危机爆发，2018 年中美经贸进入全面摩擦。

　　第三，环保风暴再度席卷而来。自 2017 年年初起，环保政策不断加码，一些环保不达标、技术研发力弱、产能落后的企业面临淘汰。在严厉的环境保护督查下，诸多陶瓷工厂以及建材家具企业被罚款、被责令停产整改，一些无法升级改造达标排放的企业则被关闭。与此同时，迫于环保压力，大批家居企业正在从北京、深圳、广州、成都等一、二线城市外迁，甚至卖场也受到波及。环保因素成为行业转型升级、加速洗牌的原因之一。

　　第四，国家不断推动精装房政策和装配式建筑政策，加上房地产头部企业开始向家居建材行业布局，显示未来的房地产行业对家居建材市场的影响正在加深，话语权逐步增强。这倒逼行业进行营销方面的变革。

　　在行业方面面临的挑战更为严峻。

　　第一，影响最大的是传统专卖店和销售卖场，两者均面临流量连续下降、零售主渠道进一步被冲击的态势，这是华耐零售的两大关键渠道。其业态的变化势必影响，甚至改变其未来着力的方向。

　　第二，消费者带来的变化则是颠覆性的。据统计，过去家居消费的主流人群大多集中在 35 岁以上，如今却集中在 28 岁左右，且 25 ~ 35 岁的消费者比例达到了近 60%。也就是说，被称为互联网原住民的“90 后”正式全面登场，成为家居建材消费的主流。他们习惯通过线上获取资讯，消费日趋多元化，同时对消费体验和服务品质要求更高。

　　第三，定制家居和家装行业的崛起。2017 年有 6 家定制家居企业上市，整个行业一时备受瞩目。进入 2018 年，在家居建材行业面临调整、建陶行业面临零增长的形势下，定制家居市场规模却逆势增长，同比增长 20.22%。而且在大家居的潮流下初步展现出对家居建材行业的整合能力。另外，自 2009 年之后在资本的推动下一度高速发展的互联网家装业出现倒闭潮，不过反而意外让传统家装行业开始复兴。据华美乐董事长郑晓利的估计，近几年上 10 亿元的家居建材销售商已经不超过 10 家，但超过 10 亿元的区域性家装企业可能在 20 家左右。

第四，服务和设计在销售过程中的价值越发突出。有媒体在预测 2019 年家居建材行业的趋势时将此列为第一条，指出："如果说过去的十年是以产品、价格、渠道、促销为驱动力的行业市场，那么新的十年将被定义为产品、设计、服务和体验为核心要素的行业市场。在消费多元化的背景下，消费需求被进一步激活，对于产品和服务的认知将发生革命性的变化。"文章还认为，以设计为流量端口的商业平台将会崛起；以服务为导向的商业模式将得到进一步发展。（《2019 家居建材行业发展十大趋势》，《家具主流》，2019 年 1 月）

当然，对华耐而言，巨变的背后并非没有机会。

第一，在房地产市场。2018 年以来，一、二线城市的房地产受限，但三、四、五线一片繁荣；而且房地产销售虽然没有增长，总量依然巨大，商品住宅销售达到全面商品化 20 年后的顶峰；另外，随着二手房交易的活跃，现在存量房的家居装修市场日益突出，据分析 2018 年有望突破 8000 亿元，规模占家居建材销售的 20% 以上。也就是说，市场依然巨大，只不过往家装、精装工程和三、四、五线市场转移了。

第二，产业化升级。电商、互联网家装退潮的态势表明，尽管消费者从互联网获取信息，但拥有设计和服务能力的传统家装和渠道依然拥有不可忽视的优势。它们只是需要接入互联网的思维，将家装各个流程和环节之间打通整合，不断提升效率，降低成本，优化品质，进行产业化升级。

第三，消费群体迭代。年轻的消费者登上历史舞台也带来了机会。因为"90后"消费者更"懒"，喜欢省心，更倾向于拎包入住的消费方式，不愿意在挑选建材上花费太多时间，不愿意在购买决策上花费太多时间，因此他们的客单价较高。一旦达到满足其需要的条件，带来的价值也非常可观。

分析完外部的威胁与机会，按照SWOT分析法（态势分析法），我们再来看看华耐内在的优势与劣势。

优势方面，华耐整体上还是比较突出：规模——在家居建材销售领域，华耐在规模方面已经遥遥领先。团队——拥有一支训练有素、执行力强的团队，并已成为在分享机制、制度管理、营销创新等诸多层面打下坚实基础的现代化集团企业。合作——与卖场、家装公司、房地产等主要的平台渠道企业进行广泛深入的合作，不以邻为壑，而是打破壁垒，编织出一个强有力的销售与合作网络。贴近一线——强烈的一线意识、客户意识和销售意识，使其营销网络具有较强的市场创新能力。头部品牌——在与几家企业战略合作的基础上，与全国40多个家居建材一线品牌进行广泛的合作，具有较强的上游厂家资源整合能力。服务——华耐在向服务商转型方面起步早、意识强、力度大，有人甚至断言，哪家企业占据了服务的制高点，哪家企业就能够占据市场的制高点，从这个角度，华耐已经具有较强的服务优势。文化——近十年来，华耐着力建设内部的企业文化，树立了响亮的文化品牌，并在内部建立了基本完善的企业文化体系。

再来看劣势方面：业绩增长速度放缓，增长乏力。大而不强，即看起来规模巨大，但分散在不同渠道、不同品牌、不同区域中，

量的累积并没有为企业带来质的变化。工程、家装的占比正进一步
扩大，此类销售虽然具有规模，但并未带来核心能力的累积。线上
能力无论从推广销售的角度、模式创新的角度还是顾客资产的角度，
都必须加强。运营的品牌虽然很多，但销售方式散乱，店面经营模
式不统一、不清晰。自有品牌不突出，创新的服务品牌蚁安居又与
华耐分离，因此，目前的华耐还只是企业名称或商号，没有与核心
产品、模式或核心能力紧紧关联。尝试矩阵式架构管理运作——这
个方向是对的，但变革带来的不适感仍强烈存在。制度变革的核心
是流程重组，流程运行的关键在于认同所产生的习惯改变。

　　基于以上的分析，我们有四个方向的策略可以拟定，如表 5-1
所示。

表 5-1　SWOT 分析法

	机会 （外部积极因素）	威胁 （外部负面因素）
优势（内部积极因素）	优势—机会策略 公司的哪些优势可以用来最大化你发现的机会？	优势—威胁策略 你如何运用公司的优势使自己发现的威胁最小化？
劣势（内部负面因素）	劣势—机会策略 你能采取什么行动，利用你所发现的机会来减少公司的劣势？	劣势—威胁策略 你怎样才能使公司的劣势最小化，以避免你发现的威胁？

　　基于优势—机会策略。公司的哪些优势可以用于最大化发现的
机会？第一，针对房地产市场的变化，显然有以下应对方式：经营
重心下沉，瞄准三、四、五线市场；强化大客户部房地产工程市场；

以合适的方式切入家装市场。第二，升级店面模式，同时建立针对消费者家装、整装需求的协作链，以成本效率和品质优势赢得消费者。第三，积极与互联网接轨，在信息提供、触发需求、响应客户、线上线下打通、客户管理与开发等不同层面，由浅入深不断提升信息化、互联网化能力。

基于优势—威胁策略。如何运用公司的优势令自己发现的威胁最小化？第一，继续强化服务，建立鲜明的服务品牌。第二，积极与家装行业展开合作，不但提供销量，而且共建高效的服务产业链。第三，在各个卖场，以健康、向上的"攀登文化"与"90后"消费群建立情感和价值链接。第四，以社群方式将员工和顾客连接起来，通过内容构建和创意活动，建立私域流量，展开全员营销、顾客口碑营销。

基于劣势—机会策略。我们要采取什么行动，利用发现的机会来减轻公司的劣势？第一，与家装公司展开合作。第二，将专卖店变成家装行业的一个节点，以家装思维建立新型店面，设立家装顾问，同时凸显华耐品牌形象。第三，将产品华耐化、套餐化、生活方式化，方便消费者决策。

基于劣势—威胁策略。怎样使公司的劣势最小化，以避免已发现的威胁？第一，通过社群营销建立与消费者的连接，从而扩大自有流量。第二，打造服务品牌建立口碑，扩大传统店面的生存能力。第三，统一店面经营模式，强化服务和设计链接，力推自主品牌。

以上四种方向的策略基于不同的思考角度，每个角度下面都会有不同的措施。面面俱到肯定是不足取的，究竟华耐应该采取何种策略，并将之上升为一种战略，来应对当前巨变的市场竞争呢？

| 业绩增长之锚 |

对于一个企业而言，无论管理的理论和概念怎样层出不穷，无论 MBA（工商管理硕士）的相关课程如何专业，它似乎都逃不出一个目标——业绩增长。增长是硬道理，没有业绩上的呈现，再好的创新都没有价值，再优秀的文化也是水中月、镜中花。所谓战略、变革、品牌、管理、模式等概念都服务于这个基本目标。

对此，贾锋念念不忘。他笃信，一个企业不赚钱、不强大，说什么都是空话。关于"攀登精神"，他的最新总结是要实现"三个超越"：认知超越、行为超越、业绩超越。当然，绝大多数企业家在这个目标前加上了一个限定词——持续，也就是说持续的业绩增长。如果能达到这个目标，专业化与多元化之争不是问题，跨文化冲突也无须解决，没有自己的品牌也没有那么重要了。

这是一种理想。现实情况是，持续量变的后果必然带来质变，也要求质变必须发生，才能带来更多的量变。事实证明，每个企业和组织一样，都有着一个诞生、成长、成熟、衰落、死亡的周期。一项关于卓越绩效企业的研究发现，市场、行业、公司以及产品的发展轨迹并不是沿平滑曲线上升的，而是呈 S 形跳跃式的，从平稳开端、快速增长、达到高峰，然后增长缓慢、停滞（此时出现拐点），最后下滑，形成一个周期。

体现这种轨迹的曲线被称为 S 曲线，又称增长曲线。

英国管理学家查尔斯·汉迪（Charles Handy）同样注意到这条曲线，进而提出了"第二曲线"思维。他谈及增长的困境："增长是一个被光环围绕的词，这表明它是一件无可争议的好事……我认为这是梦幻，你能体会到有多不切实际吗？永恒的增长只能是一个幻想，除非能找到不受竞争或资源缺乏限制的增长形式。"

华耐在二十多年的发展历史中保持了稳健的增长，是一个传奇，因为无论行业怎么繁荣，总有人落伍、消失，而华耐跨越了三年之险、七年之痒、十年之痛……终于脱颖而出，成为家居建材流通业的一座高峰，这一点无论如何都值得自豪。显然，华耐无数次跨越第一曲线：从批发到零售，从零售到多渠道的开拓，然后又进军大家居……当然，你也可以说，它可能还在第一曲线之内，只是周期比较长，近期正接近上升的极限。

华耐虽然在流通业领先，但如果和建材家居的制造企业，比如和它几乎同时出发的乐华家居、唯美集团放在一起比较，各有特色，但在规模上略显逊色；如果与红星·美凯龙等比较，在规模和影响力上落后不少；如果再与几乎同时出发的苏宁（成立于 1990 年）比较，则是天壤之别。当然，它们所属的行业与华耐的确不同，红星·美凯龙确切说属于为家居建材提供卖场服务的商业地产业，苏宁原来属于集中度高的家电行业，现在则属于互联网行业。不过，强调差异的同时，也应该承认，在业绩（规模）增长方面，在同样的时间内，有些企业跑得更快。

第二曲线关注的是增长话题，当然离不开业绩这个指标。在《第二曲线——跨越"S 型曲线"的二次增长》一书中，查尔斯·汉迪试图将人们的视线转向更多指标，却在国内遭到忽视。

让我们先了解一下他的核心观点。在汉迪看来，第二曲线要传递的思想是："为了向前发展，有时候彻底的改变是必要的。这意味着开辟一条与当前完全不同的新道路，它通常要求人们对熟悉的问题拥有全新的视角。"另外，他说到开启的时机，是在第一曲线仍在继续时，改变就必须开始，而不能等到第一曲线进入下降阶段，那时可能已经错失最好的时机。

以他的观点对照华耐的实践，应该说，"攀登精神"的提出就是开启第二曲线的思想认知，应该说意识和动作都具有相当远见；大家居战略则试图在推进一种模式变革，试图从战略方式、运营方式、产品、店面等方面重塑华耐的新面貌。

按说从思想到行动都积极转变了，为什么反而效果不佳呢？对此汉迪有他的看法："第二曲线在初始阶段是下降的。在企业里这意味着削减员工数量和管理费用，进行组织架构重组，甚至往往会涉及高管人员的更迭，而最为痛苦的是放弃原本珍爱的产品和市场。"这里所提的架构重组和高管人员的变化的确也在华耐发生了。

汉迪是第二曲线理论的提出者，但他并没有对具体的内涵和运行进行深入的探讨，只是赞赏了史蒂夫·乔布斯的范例："在苹果公司推出的Mac（麦金塔）电脑大获成功之后，就已经着手推出iPod（苹果播放器）并进军商业音乐界，当iPod占领市场的时候，乔布斯又开始设计完全不同的新产品iPhone（苹果手机），然后又推出iPad（苹果平板电脑）……每一条新曲线都源自上一条曲线，但又指向完全不同的市场。"

混沌大学创办人李善友将《第二曲线》与克里斯坦森所著的《创新者的窘境》结合起来，发展出自己的"颠覆式创新"思想。李善友写过《第二曲线创新》等书，对《第二曲线》的操作进行了探讨，提出了自己独特的方法论。

李善友借鉴了约瑟夫·熊彼特的观点："创新不是在同一条曲线里渐进性改良，而是从一条曲线变为另一条曲线的新组合。"他发展了第二曲线理论，将沿着第一条曲线的增长称为连续性创新——建立在现有知识、市场和技术基础设施之上的渐进式创新；而将第二曲线称为颠覆性创新，它是一种跃迁式、非连续性的创新，一旦成功切换能带来"指数级增长"。

那么如何进行颠覆性创新呢？他提出了自己的方法论。

第一，预测（找到）失速点，也就是增长的极限点。到达极限点之前找到第二曲线，才可能让企业持续增长。找到失速点的根据是，如果企业竞争力的某一个因素短时间内发生巨变，就意味着极限点要到了。

第二，选择撬动点。聚焦第一曲线的一个要素。他认为，新产品的产生并不是做一个更大、更全的产品，而是把原有体系里的某一个功能点放大为一个新产品的整体。他指出，第二曲线不是凭空产生的，而是第一曲线中已经关注到的。

第三，击穿破局点。重度投入资源，聚焦在这个单一要素上，把它最大化，击穿成长的破局点。

第四，以企业使命重新定义目标，即实现这一要素的唯一考核指标是什么。

第五，重构创新的价值网络，即创新必须在边缘地点的相对独立的价值空间才能实现。原来的环境或许可以提供创新生存所必需的资源，但其价值系统可能把创新牢牢锁在第一曲线里，导致第二曲线无法展开，也无法成功。

以这个方法论对比，我们可以发现，第一、三、四甚至第五条与华耐的推进方式几乎相同。缺失的是撬动点的选择以及第四条——实现它（使命）的唯一考核指标是什么。假如华耐的使命是"成就美好家居生活"，显然它将消费者作为核心对象。面对"90后"新生代，华耐选择的大家居战略似乎没有错，问题在于，撬动大家居战略的关键要素是什么呢？实现这一要素的考核指标是什么？这两点似乎没有深入研究。

让我们试着分析：对华耐而言，上述 SWOT 分析所列出的变化中，5 ~ 10 倍变化的要素是什么？不是贸易摩擦，不是房地产政策、环保政策，也不是定制家居、家装行业，可能是消费者不再愿意到店里消费了，变得"懒"了，也可能是抖音这样的短视频电商正在加速崛起。究竟是什么？需要我们认真加以分析。

无论如何，消费者的真正需求是，有人能帮其省心、省力、省钱地解决家装难题。定制家居和传统家装业之所以能够崛起，恰恰是迎合了这一趋势。互联网家装之所以陷入低潮，则在于它只提供了去中间商的省钱要素，但在省心、省力、解决整合家装流程和环节的效率、品质方面存在重大缺陷。

让我们进一步分析，那个单一影响消费者的要素是什么？定制家居提供的是家居设计和部分软装，其中，尚品宅配则在探索进入硬装；进化后的家装业提供的不但是设计还有全流程的高效服务，因此它们才能盘踞一个区域深耕细作。那么，由此推论，设计是那个关键的要素吗？显然不是，它只是一个入口，在省心、省力、省钱三个要素中，省钱已经不是问题，省力也随着整装、拎包入住模式的推行正得到解决。因此，我们是不是该这样判断，华耐的机会或者应该在"省心"这个要素上？

为了省心，淘宝发明了支付宝，京东重金投向物流，苏宁转型云商，滴滴说你点击一下手机，几分钟就有一辆车来接你。它们定义的产品，找到了各自的关键要素或者说消费痛点，从而给消费者带来了"啊哈时刻"。

肖恩·埃利斯（Sean Ellis）和摩根·布朗（Morgan Brown）在所著的《增长黑客——如何低成本实现爆发式成长》（中信出版社，

2019年1月）一书中，给出了面对增长停滞如何实现业绩快速增长的思想方法论。他们认为"好的产品是增长根本"，好产品的标准就是"实现'啊哈时刻'"。为此，企业要重新定位自己的产品。

两位作者举了Groupon（高朋）和YouTube（优兔）两家公司的例子，它们的早期版本都一度濒临失败。但是后来Groupon找到了自己的产品定位"建立你的Groupon.com"，而YouTube也从原来的视频约会网站变身为大型视频分享网站。

华耐如何重新定义自己的产品，才能令消费者尖叫？哪一个关键指标的解决可以令消费者体验这种"啊哈时刻"？"啊哈体验"是可持续增长的必要元素，因为有了这个体验的用户会觉得产品太棒了，让人爱不释手并忍不住分享给朋友。《增长黑客》给出了自己的方法，虽然它探讨的大多数是互联网企业，但其思维方式对华耐这样的传统销售商也大有裨益。

对应华耐在开启第二曲线或增长黑客的做法，可以看出：在思维上，大家居更多体现的是企业的提法，带给消费者的价值未能凸显；在操作上，采取的是新旧相对分离的做法，旧的用旧办法，而新业务也更多沿袭传统的营销逻辑，因此，华耐最核心的能力——团队并未对大家居战略提供广泛而有力的响应。导致的结果是，创新成为局部部门或业务单元的试验。

这样的变革很容易无疾而终。比如电商部门，沿袭的还是卖货思维，很容易形成亏损；与线下店面缺乏协同，容易成无源之水；定制家居业务，与陶瓷卫浴是两种营销思维，甚至是对立冲突的，老员工一时很难适应，也容易形成亏损；服务不进行市场化就缺乏竞争力，但市场化可能意味着离华耐越来越远，服务无法与华耐的销售形成合力；大家居看似供应链是核心，背后则是信息化能力、配送服务能力和销售能力的全面提升，这很容易在变革中丢失焦点，变成摊大饼式的全面投资……

| 确立战略 |

在不少内部人士看来，目前的华耐缺乏一个清晰的战略规划。

过去的华耐选择了一个流通业简单的业务方式，投资少、风险低，再依托房地产的发展取得了快速增长。这显然是靠战术的勤奋、靠双手丈量出来的。有位高管也提及这一点，认为不能用战术的勤奋取代战略的懒惰，当下的华耐需要清晰的战略选择，它是较长一段时间确定的方向和路径。当然，也有人认为，虽然战略并不清楚，积极探索目前没有什么明显成果，但还在积极探索之中。

"目前说不清楚华耐增长的新引擎在哪里。"一位外部观察人士说，"目前的华耐不是一个战略驱动型企业。其战略是比较模糊的，几乎各个方向都在试，都在试错，但没有一个方面特别专注。战略似乎随时在变化。"他同时指出，相比家电业，陶卫行业普遍缺乏大的格局，过分强调差异化和非标性，坚守自己的小阵地。这对行业是不利的。

在中国建筑装饰协会住宅部品产业分会秘书长胡亚南看来，"战略方向、战略驱动对当前的华耐来说十分必要，在抓好战略的同时，抓好中层团队建设，把确定的方向简单做，简单的事情重复做"。

中国建筑卫生陶瓷协会会长缪斌也是贾锋和华耐的老朋友。在他看来，中国经济正在弯道超车，环境变化很快，需要企业不断变化经营模式和方式，5年就要上一个台阶。他说："因此，华耐这种中间商模式正在遭遇挑战，要从初期的营销模式适应现在的消费升级模式。目前，整装房、精装房、电商等在发生很大变化，对零售业态产生巨大影响，过去的纯经销商模式需要调整。"

在缪斌看来，华耐的战略目标还是有的，只是在分散尝试，不够集中和专注，取得效果和成功还需要时间。他相信，以贾锋的智慧，华耐能够把握行业发展趋势，"最近（华耐）发展虽然慢些，但还在发展，问题不大；至于未来，贾锋每天都在思索，不断进行探索"。

自 2018 年以来，华耐尽管在内部执行了瘦身计划，果断砍掉一些不盈利的门店、亏损较大的部门和新业务，但在战略上仍然高举着"大家居"的旗帜。2019 年 5 月，贾锋在接受媒体访问时表示："华耐坚定不移地推动大家居战略，让消费者可以将家装硬装材料一站购齐，得到了市场的认可。"

为什么内外部仍然觉得战略不够清晰呢？这是因为实行众多大家居战略的企业从过去的热潮中冷静下来，它们发现这一战略从构想到落地并不容易。据中国商报 / 中国商网的一篇分析文章，某地板领域进入大家居的企业，从地板进入木门、定制家居等领域，但直到 2017 年，这些业务的营收贡献依然不大，反倒是原主业地板业务提供营收支持。原核心业务木地板收入在生产及销售木制品中占比超过 94.23%。2017 年，另一家定制家居企业也对自己的大家居战略进行了反思，承认迅速推进大家居模式之后，低估了代理商转型换挡的难度，在打造新商业模式方面也过于滞后，从而导致公司走了一段弯路。一直宣称在实施大家居战略的欧派家居董事长姚良松把大家居比喻为一座"险峻的山峰"。这一点，他倒是与贾锋"心有灵犀"。

由此可见，大家居战略知易行难。在方向上它有极强的必然性和诱惑力，因为既可以满足消费者的一站式购物需求，又能满足消费者的个性化特点；此外，它更能帮助商家提高客单价、对扩大销售规模意义重大。然而，它在看起来美好的图景下又陷阱重重：不但需要企业具备较高的资源整合能力和跨品类经营能力，也对企业的信息化、物流服务和管理能力提出相当高的挑战，因此大家居战略很容易将企业引向大而全的全面出击的境遇，从而导致投资过大、产出过小的结果。

因此，大家居如果被视为一个战略，它只是一个在模糊的品类扩张的大方向而已。但大多数企业都对此没有确切的定义和规划：大家居究竟要有多大？它的核心是什么？以什么为实现载体？满足消费者的什么核心需求？

这可能是目前华耐的战略看似清晰，在很多人眼中却模糊、失焦的原因。"身"是瘦下来了，一些探索也停了。企业盈利能力强了，但接下来怎么走？大家需要知道往哪儿创新，具体怎么干。

一直关注华耐发展变革的张朝阳老师对此倒是很清醒。他说："目前的华耐正处于一个自我突破的关键阶段，虽然缺乏明确的战略，但在积极寻找变化。这个突破时间比较长，它需要的是企业内部一系列的碰撞，在发展方向、目标、策略和路径上达成共识，科学地进行战略规划，进行变革升级。"

所谓战略是指对一个企业或组织在一定时期的全局的、长远的发展方向、目标、任务和政策，以及资源调配做出的决策和管理艺术。在管理学著名专家彼得·德鲁克看来，战略的本质是回答三个问题："我们的企业是什么""我们的企业将是什么""我们的企业应该是什么"。

另一位管理专家亨利·明茨伯格（Henry Mintzberg）建立了5P模型，从不同的维度对战略进行了分析：从企业未来发展的角度来看，战略表现为一种计划（plan）；从企业过去发展历程的角度来看，战略则表现为一种模式（pattern）；从产业层次来看，战略表现为一种定位（position）；从企业层次来看，战略则表现为一种价值观念（perspective）；此外，它是在竞争中采用的一种计谋（ploy）。但无论如何，它是企业长期问题的一系列重大管理决策和行动，包括企业战略的制定、实施、评价和控制。

理论总是显得笼统，它提供的只是框架和完成后的经验；理论家各有侧重，因此实践者在学习时往往无所适从。批评家总是容易的，企业在迷雾中前行的时候应该将锚定在哪里？在整个家居建材行业都在摸索的时候，华耐举起的大家居战略的棋子该如何落下？

华耐已是家居建材流通领域的领军企业，甚至包括制造企业在内，它都堪称领先。"差劲的企业无视竞争对手，一般的企业效仿竞争对手，成功企业则引领竞争对手。"（菲利浦·科特勒、米尔顿·科特勒：《逆势增长》，机械工业出版社）此时，跟随别人只是耽误自己，唯有把握行业变化的本质，勇于创新，方能走出眼前发展的低潮期，再度跃上一个巅峰。

5 月 17 日，在 2019 年中国家居家装产业创新峰会上，贾锋以"新形势下的家居建材产业变革出路"为题谈了自己的反思。在他看来，大家居是发展的趋势。现阶段，没有一个品牌商做好经营大家居模式的支撑因素。大家居正成为伪命题。他认为，做大家居先搞懂经营的四大核心因素：供应链、产品设计、用户运营、专业人才。"如果我们不能最终解决顾客的痛点，不能解决品质，不能解决效率，不能建立协同，不能保持能力持续上升，所谓的大家居是拼凑的大家居、暂时的大家居、伪大家居。"

在这次演讲中，他仍然没有给出清晰的目标和前进路径。毕竟四大核心因素中，每个要素都不是可以轻易解决的。那么，如今的华耐是需要摸着石头过河，让子弹再飞一会儿，让时间给出答案，还是在这个充满不确定性的环境中，根本不需要什么三五年的战略？

每位企业家心中都有一个价值罗盘，每家企业都有自己的价值观。这决定了即使世界千变万化，企业必须有所选择、有所取舍，必须回答德鲁克的三个"是什么"。也就是说，价值观是企业战略制定和行动的指针，这就是文化的重要性所在。文化必须确保企业在指针引领下，团队具有与时俱进的能力，制定出合适的，甚至有时候否定自己的战略；文化必须驱策团队根据战略变革职能和流程，重构面向员工和消费者的价值链；文化必须让每个员工认同这些根本性的变化，将拥抱变化视为一个习惯，积极投身于企业的变革再造当中，形成支持战略实现的新的企业文化。

总的来说，大家居是一个愿景。它更多从企业而不是消费者角度出发。在推进中，企业必须转换为消费者价值导向，并从中找到一个细致的切入点——或李善友所称的"撬动点"、《增长黑客》所称的"北极星指标"（唯一重要的指标）——重新定义产品。当然，确认这个切入点必须明确哪些指标对你的产品增长来说最为重要，这需要列出公司的"基本增长等式"，即列出所有与增长相关的关键要素，然后加以确定，因为它能够最为精准地抓住企业为客户创造价值的核心点。

对华耐而言，下一步的战略是重新定义商业模式、产品、业务流程，在此基础上调整组织架构，重构制度流程，变革企业文化，实现自身的重塑，以实现战略增长目标。未来，它将以消费者为中心，以业务模式重建为核心，聚焦新零售升级，目的是打造一个面向大家居的综合服务平台。这是一个相当艰难的过程，也是华耐家居以业绩持续增长为目标的又一次攀登。

在华耐，很多人认为服务是通向未来的突破口，因为目前（店面）品牌不是自己的，销售的产品也不是，甚至店也不是自己的，未来华耐的战略突破口就是服务，服务不断升级。一位销区总经理指出："售后是一种核心竞争力。目前很多安装师傅都来我们这里做，因为华耐的待遇好。"他认为，目前市场不好更是华耐的机会，未来营销方案要从售后服务开始，创新推出服务套餐，让消费者体验后有良好的口碑。服务可以是各行业的竞争力，华耐要做到别人无法复制才是核心竞争力。目前来看，产品是关键，服务是方向。

战略肯定不是想当然的答案，但也许就在大家的潜意识之中。企业需要做的是群策群力，在寻求共识的过程中发现创见。而且，战略一旦确定，可以在实施过程中不断试验、试错，但它必须在相当长的一段时间内倾注资源和关注，同时找到合适的、既熟悉公司又具有外部人独立视角的专业人才推动。

很多时候，战略不是败在制定上，而是败在执行上、人员的选择上。

第二节 ▲ 向上，核心竞争力

｜ 机制 + 文化 ｜

1978 年冬天，小岗村 18 位农民在契约书上按下"大包干"的红手印。这一做法突破了人民公社"三级所有、队为基础"的体制机制，成为中国农村改革的一声惊雷。26 年后的 2004 年，这里又开始了第二次"革命"，其中最引人瞩目的是土地流转，将土地重新集中起来，启动农村土地承包经营权及集体资产股份合作确权颁证。从"化整为零"到"化零为整"，从"分田到户"到"分红到人"，改革让小岗人再次走在了前列。

到 2019 年，华耐也走过了自己的 26 年。26 年前，贾锋创办雁北经销部的时候，就直接切入核心的体制机制，开始了华耐的创业征程。后来任正非成为贾锋学习的榜样，因为他在解决体制问题上更为彻底，只拥有华为 1% 多一点的股权。2016 年 2 月中旬，贾锋亲自率领华耐高管到华为参观，深受鼓舞。

早期，为解决发展资金问题，华耐发明了以年为单位入股的模拟股权激励制度，也就是说员工当年投入资金当年即可分红并提现，第二年再决定是否入股。这看起来是个笨办法，因为完全可以通过借钱的方式解决扩张资金问题，但它大大提高了入股的可信度，也提升了员工的积极性；加上贾锋严守承诺、大比例分红。在解决部分资金的同时，也吸引了更多人才加盟，大大激发了员工的主人翁意识和责任感。

当前，许多企业家带领团队学习，一会儿学习执行力，一会儿学习团队建设，一会儿学习国学，其目的是让员工转变心态，克制私心，华耐却和华为一样，遵循人的本性，给员工更多的激励。此举带来的效果十分明显，很多销区总经理都是自动自发地向前冲业绩、主动爱护员工，形成良好的团队文化，更带动了企业的长期高速发展，真可谓"以众人之私，成就众人之公"。

股权机制触及公司治理的核心层面，激发的是核心的原生动力。天下熙熙攘攘，皆为利来利往，这既是生存的需要，又是追求的核心。股权是公司"利"的核心，华耐在创业之初就将这个拿出来分享，背后映衬出一个企业家的视野、心胸和格局。

种瓜得瓜，种豆得豆。自创始之初，华耐身上就流溢着一种慑人的气质：它不是老板的打工文化，而是公开、公平、公正的制度文化；不是创始人集权，而是民主集中；总部的干部不是老大，一线的将士才是指挥炮火的人。

这种气质就是一种组织文化。它的分享精神、合作态度、诚信作风、民主实践、服务意识都是因为股权机制而起，因坚持而发扬、累积，再与北方人身上的重情重义进行强力黏合，形成了华耐强大的精神牵引和团队文化。因此，在很多华耐人看来，"机制＋文化"是公司二十多年来持续高速发展的两大引擎，用经管类的词叫"核心竞争力"。这两大引擎，一个牵动物质利益，一个紧扣情感精神，成为华耐开疆拓土，但又不分崩离析的"双保险"。

在两大引擎的外围，华耐的一些做法颇具战略价值，尽管它没有制定出清晰的战略，事实上显示出长期的坚持，成为其领先之道：第一，与优秀的头部企业战略结盟。第二，编织强大的营销网络。2003年华耐就开始重心下沉到地市一级。第三，倾斜一线、倾斜业务兼顾公开、公正的奖励机制和管理制度。这样，员工清楚公司价值所在，而且制度保证了员工的学习、晋升、轮岗，不被工作以外的事情或潜规则烦扰，大大提高了员工工作的积极性和效率。在这三条当中，第一条体现的是专注和聚焦；第二条体现的是市场意识，第三条体现的是制度化平台思维，它们构成了华耐一直以来的竞争力三角。

让我们重温一下核心竞争力的概念。美国管理学者普拉哈拉德（C. K. Prahalad）和哈梅尔（Gary Hamel）提出并建立了一个核心竞争力（Core Competence）战略模型，鲜明地提出，随着世界的发展变化，竞争加剧，产品生命周期的缩短以及全球经济一体化的加强，企业的成功不再归功于短暂的或偶然的产品开发或灵机一动的市场战略，而应该是企业核心竞争力的外在表现。

进而，他们提出，核心竞争力是能使公司为客户带来特殊利益的一种独有技能或技术。战略制定的出发点不应该根据外部环境或竞争的需要自外而定，而是基于并不断强化企业的核心力量，应该围绕共享的竞争核心而不是SBU（战略业务单元）构建企业。

拿华耐来说，所谓的SBU就是事业部，目前华耐家居有12个事业部。这种模式下，一个SBU就是公司的一种业务，该业务目标独立、经营相对独立、面对的市场独立、团队独立、考核独立。其优点很明显，目标和激励直接挂钩，集团提供平台资源支持和工作流程，可以大大调动事业团队的积极性。

　　2010 年 12 月，华耐正式运行品牌事业部制。相较以往，这是又一次重大的组织变革。此前华耐是以销区的"块"为主体激发活力，之后华耐以品牌事业部建设的"条"为主体进一步释放了生产力。同时，这一模式也开启了华耐的管理变革：过去采取的是区域阵地战，现在采取的则是事业部兵团作战，既实现了品牌运营的专业化管理，兼顾了行业与产品的差异化营销，又建立起了更有效的人才选拔、培养和竞赛机制。

　　应该说，2010 年的管理变革为 2009 年以来旺销的市场又添了一把火，也是之后数年业绩迅猛上升的原因之一。不过，它沿袭的是一直以来的独立、授权思维，因此，带来的红利并没有想象中那么巨大（当然后期也有市场变化原因），而且留下不少后遗症。

　　在理论人士看来，事业部制也有其缺点，它过分注重当年业绩而不关注长期投资；各事业单元之间协同性差；各事业部的经营缺乏共同的能力沉淀，对华耐这样的流通企业尤其如此：每个事业部经营的是不同的品牌，分布在不同的区域，每个事业部和区域的思想、打法皆不同。因此，虽然相比之前的销区制度有所进化，但华耐缺乏独立的品牌认知的缺陷并未改观，经营思想与方法的积累和沉淀并不突出。

　　最近几年，贾锋一直在反思。他认为，分享机制在企业中发挥着积极的作用，但企业最终还是要回到产品和模式，以及背后的管理体系上。他也认同华耐需要提升组织的核心能力的观点，"目前华耐的经营都依附在别人的产品上，缺少自己的产品标准，核心竞争力的建设还没有展开"。

　　胡亚南的看法是："华耐的核心竞争力是第一批创业者的锐气，过去二十多年中他们战斗力强，南征北战，发现机会就冲上去，是一个狼性的销售团队。"她认为，这里包括两个核心：拥有核心的流通网络体系；人多，拥有一群存量的销售和服务人员。

她对华耐以诚相待的合作精神非常赞赏，同时觉得似乎华耐"有些吃亏"："把人扶持起来，自己的品牌没有顺便做起来"，"也许是鱼和熊掌不可兼得吧，不同阶段要有所取舍，知道哪个阶段什么更加重要。"

| 管理变革 |

如上所述，华耐是一个以机制 + 文化辅以战略结盟 + 营销网络 + 制度环境为基础的、拥有一支旺盛激情和战斗力团队的家居建材流通服务企业。

现在，它正处于一个变化通道之中。股权机制依旧在，只是随着人员的变化出现了新问题：如何兼顾新人和旧人、兼顾提拔者和上任者、兼顾多种指标上更加公平；文化正在变革，如何从过去的吃苦耐劳、艰苦奋斗到未来的尊重科学与专业，继往开来；战略结盟还在继续，但华耐代理的品牌已经有 40 余个，究竟是根植重点还是全面开花；营销网络正在迈向管理驱动，但事业部、销区、营销管理中心形成相互交叉的管理网络令市场变得无所适从，职能管理和业务管理的冲突时有发生……

市场向好的时候，团队只管拼命向前冲，奖励只是多少的问题。早期进入的老员工们不会计较太多。但市场不好，定的增长率目标高低就成了问题，绝对一碗水端平也变得不合理。这就需要总部的职能部门科学合理地测定。另外，市场不好就希望总部予以支持，资源的分配也成为关注点。反过来，总部需要强化专业职能，对区域、事业部进行专业化管理。这无形当中再次带来管理的变革。

总的来看，随着企业规模的不断扩大，管理的集中似乎是大势所趋。大家居战略的推行更需要总部强化相关部门的力量，它不可能只是过去营销网络模式的复制。因此，大家居战略的强力推进必然带来产品、销售、服务、品牌等工作的集约。这种集约意味着组织架构变化、制度和流程变化的管理变革。它会带来诸多冲突：新派的集中思想与过去的分权传统相冲突，专业的职能型人才与过去的业务型精英相冲突，新旧制度与流程转换带来的心理和习惯的强烈冲突。往前进，危险重重，因为大家都没有经历过，那是一个跨越舒适区的未知地带；但往后退，则是确定的增长乏力、勉强维持生存。变革是找死，不变革是等死。企业究竟该怎么选择？

显然，在这个巨变的时代，拥抱变化、积极推进变革是生存和发展的唯一之途，对华耐这样的领导型企业尤其如此。变革至少意味着可能，哪怕据统计全球范围内企业变革的成功率不到30%，但对于一个优秀的企业家而言，这已经足够了。

为什么变革那么容易失败？约翰·科特在其著作《变革》和《变革之心》中说：变革的真正阻碍在于领导者的心智模式。也就是说，如果没有第三方的视角，靠企业内部长期培养的人才很难开启真正的变革，因为他的心智模式和其赖以提拔的组织的心智模式是匹配的。

难怪贾锋反复强调，所谓攀登精神就是"自我认知、自我突破、自我超越"。他希望借助登山队和"7+2"项目感召更多的员工努力拼搏，实现自我的挑战和突破。

仅从华耐攀登精神的落地上，就可知认知的改变多难。在具体的登山形式上，很多人对登山还是有抗拒心理的，认为登山有很高风险，登山与自己的业绩没有什么关联。诸如此类的很多意见使各级员工在攀登文化的实施落地方面存在不同的理解。

所以，变革领导人往往需要用暴风骤雨式的管理革命才能打破旧的组织心智模式。即使像杰克·韦尔奇那样的铁腕型领导人也花了10年才取得成功。

真正的变革意味着必须打破既得者利益，自私的行为必须被割除或暂时放弃。原有的思维方式和行事方式也必须随之改变。这时候必须承认，采取妥协、共赢、协商的方式，很多情况下是没有用的。

人在什么情况下会发生认知和行为的突变？大多数情况下，当我们听说某人得了癌症时，会意识到健康的重要性；当我们身边人得了癌症时，我们会开始锻炼，但一段时间后可能复归原状；当我们自己得了癌症时，认知和行为的突变往往会在一夜之间发生。大多数情况下人是危机应对型生物，除非危机真正到来，或者我们令其觉得危机马上到来，否则心智模式和行为习惯的改变很难发生。

所以有人说，未来企业的竞争会演变为管理变革的竞争，即如何在加速变革的同时提高成功率。从这个角度上，华耐正在推进的矩阵式管理变革从思路上是对的，也是弥补事业部制不足的一环。但在实施过程中，定位好关键组织成员的角色非常重要，这些成员包括高层领导者、矩阵主管和员工，如果界定不清很容易发生管理混乱。

另外，必须关注两个关键问题：如何在变革的同时提升市场反应的速度？如何在管理复杂的情况下提升效率？

传统企业的变革极其复杂，那些成功者的思想和案例看起来都很简单，但都无法复制，毕竟知易行难。变革的风险性和难度加剧了人们的恐惧。

难道真的没有更简易、高效的方式开启变革？

互联网产业的突飞猛进为传统产业的变革升级提供了很好的借鉴与参照。互联网产业往往产品单一，模式清晰，简单的打法做到极致。这样一来，目标清晰、产品和针对的对象十分清晰、产品和消费者连接的方式清晰，剩下的工作就是就这个简单的工作重复做，做到极致，效果就比较容易呈现，鼓舞大家进一步的变革信心。

在这里，让我们试着分析一下。

假如华耐将大家居战略的落脚点放在服务上——这个服务也比较笼统，它包括了设计、销售、配送、安装等一系列环节，那么，我们应该找到什么样的关键要素，才能令不想出门的"90后"获知后，马上想打电话尝试一下？怎么样才能令他们看到后立即分享给有相关需要的朋友？

什么是极致？雷军的理解是："极致就是做出超越自己能力的东西，只有极致的东西才能超越用户的想象，才会有良好的口碑。"也就是说，极致就是把自己逼疯、把对手逼死。这种理念如果用在华耐的服务上，如何达成？服务人员能否都像2019年华耐感动客户服务之星的做法，为了一个角阀可以修上4个小时？或者，能否提供足以让每个消费者都尖叫的产品或服务？

在此基础上，企业需要界定：什么样的产品是你用来吸引流量的？什么样的产品又是用来解决运营效益的？

接下来可能要做的是：第一，服务品牌的差异化。第二，品牌在终端的表现力。第三，独立的团队运作，这需要有互联网、品牌、运营、社群等方面的专业人才。思维也不能只有业务销售思维，还必须有互联网思维、品牌意识。第四，销售得力。服务既然是一个产品，就必须有销售业绩，其中更包括各类用户的流量漏斗指标。

第五，倾注资源，专注重复打造服务产品，形成口碑。将之做成企业最长的长板，有效带动大家居产品的销售。

这样一来，同样是面向大家居，可以在服务方向上找到一个极细的切入口，将之定义成一个服务产品，不至于一开始就在一种庞大的整合与运营当中过度投资、全面变革，而是从局部的一个要素入手，简单、极致、目标和模式清晰，大大减轻变革的复杂度和难度，以较低的改革成本驱动企业从流通向服务的战略转型。

当然，这只是一个假设性的思考，它试图提供一个开启通向未来之门的思考方式。这样的任务需要华耐内部和外部各领域的专业人才群策群力，也需要一个具有创业家激情、具有外部人思维和内部人协调能力的领军人物率领一个事业型团队来执行。

当今，唯一不变的是变化本身。对华耐而言，管理变革本身也是需要向上攀登的一种能力。因为，创新就是变革，变革已是常态，企业必须在确定战略的同时保持组织的可塑性、灵敏度，打破组织和企业的边界，开启变革，降低变革风险的同时提高速度与效率，才能在未来更激烈的市场竞争中从领先变成遥遥领先。

｜ 向上攀登 ｜

根据相关理论，核心竞争力是建立在企业核心资源基础上的企业技术、产品、管理、文化等综合优势在市场上的反映，是企业在经营过程中形成的不易被竞争对手仿效、能带来超额利润的独特能力。它有四个标准：价值性，这种能力能很好地实现顾客所看重的价值，如能显著地降低成本，提高产品质量，提高服务效率，增加顾客的效用，从而给企业带来竞争优势。这一点也是我们前面假设思考的逻辑。稀缺性，这种能力必须是稀缺的，只有少数的企业拥有它。也就是说，它已经构成相对竞争优势。不可替代性，竞争对手无法通过其他能力来替代它，它在为顾客创造价值的过程中具有不可替代的作用。难以模仿性，它不像材料、机器设备那样能在市场上购买到，而是难以转移或复制。这种能力能为企业带来超过平均水平的利润。

根据这个观点，在相当长的时期内，机制 + 文化作为运营管理的核心主线，的确构成华耐的核心竞争力：它难以复制，具有不可替代性，在提高服务效率方面提供了独特价值，也有一定的稀缺性，大多数企业难以企及。只是机制是一个基础的体制制度，是一种较为软性的、间接的存在，同时在面临业绩下滑时很容易失去光环。在文化方面，由于目前正在进行的变革，文化变革也在进行，旧文化正在改变，新文化还未形成。因此，这个软力量目前正遭遇挑战。

表面上看，在打造核心竞争力的选择上，向服务发力似乎是顺理成章的事情。因为，这一方面是华耐的愿景，另一方面也基于目前华耐没有产品、没有品牌的现实。但真的只有一种选项吗？在确定这一战略之前，进行深入思考和反复论证是必需的，因为它牵涉企业的根本走向。至少目前而言，它属于营销网络的配套性服务，虽然重要性越来越凸显，但这并非华耐的特长。就家装服务能力而言，它甚至比不上那些区域性的家装公司。

那么，基于目前运营品牌的现状建立自有品牌的体验店呢？这似乎也是一种必然。事实上，华耐已经在北京、天津、济南、石家庄、沧州 5 个城市建立了华耐家居体验馆，已经开始了初步的尝试。

我曾经和贾锋探索过这个问题，并给出 2000 年前后苏宁电器转型的案例。那时的苏宁也是从过去的专业空调店跃升至大型综合电器商场连锁，开启了十年的高增长时代，取得了巨大成功。家电业流通业的变迁为何不能成为华耐转型的榜样？

贾锋的回应是，时代已经变了。的确，线下的流量在锐减，苏宁曾经遭遇过这样的情境：在电商红火的 2012 年，苏宁营收增速首次降至 10% 以下，而利润增速更是在近年来一路下行后，跌至谷底，首次出现负增长。其线下业务不增长甚至负增长，且成本上升，利润变少。结果，2013 年，苏宁的动作相当激进，宣布更名为苏宁云商，加速去电器化，宣告了传统家电销售模式的一去不复返。

另外，新兴的"90 后"消费者不再愿意去逛卖场或专卖店，这是个重大的变化。

对华耐而言，一个不容忽视的事实是，华耐遍布全国的专卖店网络，其中一半是自有。这么多专卖店总是要继续存在，也是华耐的基础。目前互联网销售看似一片大好，但实际在全国的商品零售总额中占比依然不足 20%。据国家统计局的数字，2018 年全国实物商品网上零售额 70198 亿元，占社会消费品零售总额的 18.4%。这里面可能还包括一部分线下销售但通过线上统计的数字。因此，线下店并非没有存在的理由，只是存在的形式和模式要发生重大变化。

华耐在积极推进家居体验馆的试验。也就是说，建设自有品牌的华耐家居体验馆仍然是个创新选项，只是是否需要将它上升成为华耐的战略？从自然进化的逻辑而言，无论是线上还是线下，或者两者兼容，从事家居建材销售与服务的华耐必须在家居体验馆这一"产品"设计和模式打造上倾注精力和资金，进行战略性的规划，积极推进。

即便作为建材家居的材料供应商，华耐家居也需要在服务上着力，迎合消费者"拎包入住"的需求，切入到目前"全屋整装"的产业和消费趋势上。

全屋整装是整体家装之后一种全新的装修模式，开创了泛家装服务新内涵。其整合了装修材料、基础施工、软装配饰设计安装、定制家具设计安装以及入住前开荒保洁等入住必备服务项目，用户仅需购置家电和生活用品即可实现入住。因此，这实际上是一种重服务模式，因为它需要解决的不但包括全屋设计、产品材料交付，还包括装修装饰服务，这对华耐这种没有装修基因的流通企业而言将是一大难关。

为什么那些区域装修公司现在能再度崛起？因为它们具有设计、产品和装修等全链条服务能力，再借鉴互联网家装的思维：去中间化，整合产业链，装修模式标准化、可视化，一举扳回之前的颓势。但是，这些区域公司无法成长为全国性的家装企业，原因是它们不具备以下能力：大规模获客、供应链的可复制性、交付的稳定性。这背后考验的则是信息化、互联网的能力，服务越重，考验程度越强。因此，相较而言，家装公司的服务模式对华耐这样全国性的流通企业而言，要攀越的险峰不止一座，风险系数更高。

让我们再来看看互联网家装，它们在资本的驱动下一度风头无两，给人的印象是外行可以"打劫"内行。据统计，2015 年一年互联网家装就成立 300 多家品牌企业，其中 27 家获得天使轮或 A 轮以上融资，但经过价格战、补贴战的残酷竞争，互联网家装企业试图以清晰的标准流程、对关键痛点的关注赢得消费者，结果发现，家装的服务链太长，偏重线上的互联网企业服务起来捉襟见肘。两三年重资杀入混战之后，非但没有出现傲视群雄的胜利者，反而迎来因亏损加剧带来的行业倒闭潮。

但资本并没有就此偃旗息鼓，因为建材家居业是一个 4 万亿元的巨量市场，将之进行数字化改造一定是产业风向。2019年，投资界将注意力投向具有设计和技术能力的酷家乐、三维家。10月25日，大家居全案设计平台及生态解决方案提供商酷家乐宣布新一轮D+轮融资，投后估值达10亿美元。紧接着，10月28日家居工业互联网平台三维家宣布获阿里巴巴5亿元C轮战略投资，公司估值达25亿元。这两家设计型互联网公司在接收投资后，将战略进行重大调整，欲转型成具有设计优势的新型互联网家居企业。这显然是互联网家装行业的新一轮冲击。

看来，无论是产品材料销售还是家居装饰，对于华耐这样的全国性流通企业而言，信息化的打通和互联网化都是一个必经的过程，只是要定位一个企业战略和产品边界。不过，目前的华耐显然缺乏这方面的基因，想要在这方面实现战略突围，与进入区域的线下家装相比，其难度在伯仲之间，甚至后者或许更为容易。

还有一个加速扩容的市场是装配式建筑市场。在政策的不断推动下，我国装配式建筑行业继续保持高速发展趋势，已至市场"井喷"前夜，预计2024年规模将超过14000亿元。这种建筑业的革命必然带来家装行业的革命，它将与全国的精装房政策一道，引发未来家装市场从重点关注C端需求转移到关注B端（建筑业、房地产业）市场。

这的确是一块相当诱人的市场大蛋糕。不过，B端向来是制造企业的优势领域，而且装配式建筑跟制造业结合得比较深，作为流通企业的华耐如何与制造企业博弈？另外，从重点关注C端迁移至B端，在战略层面也是一场自我革命，华耐是否做好了充分的准备？

无论是服务产品还是店面产品，无论是进军传统家装、线上家装还是进军装配式建筑市场，都需要华耐重新定义自己并进行大刀阔斧的变革。这是一场关于核心竞争力打造的新攀登，它将是华耐从"人有我优"阶段迈向"人有我独"的新征程。这里面有难易之分，但难易并非都是战略选择的唯一指标，这背后还有核心价值观的驱动，更有企业家梦想与信念的张扬。

华耐将是谁？无论服务还是店面，无论线上还是线下，它们都已经相互融合。每个角度的切入或许最终迈向同一个路途：我们终将成为一个家居建材行业的流通服务商，终将以最佳的服务（包括产品）成就大众的美好家居生活。

当然，它迈向未来的路绝非只有一两个选项，所要考虑的只是前提条件的满足和决策时的价值认可。比如，华耐能否将模式打造为直接输出为一种"产品"？比如，华耐的机制＋文化可否发展出类似阿米巴模式一样的产品？这方面，华耐有现成的经验可循，可以迅速总结出自己的模式，然后向更多的创业者和经销商输出。这样，即使它没有自己的产品、店面，也可以通过组织的连锁（机制＋文化＋运营体系）而成为家居建材业创业创新空间，从而编织出一个更为广阔、覆盖全国的营销网络，这时的华耐或许不需要产品的独立、品牌的独立，它可以通过商号（企业品牌）不断沉淀出自己的经营哲学与方法论，打造出独有的合伙人经营模式，建立面向未来的"连锁组织"竞争力……

这样听起来是不是很酷？还是你觉得是天方夜谭？

还有，文化可否成为华耐通向未来的一个入口呢？经历六七年的持续打造，华耐的攀登文化已然成为行业内的一个标签，成为华耐具有潜力的独特 IP。同时，随着 2019 年《攀登者》的献礼片公映，攀登精神得到更多社会公众的讨论与颂扬。也就是说，攀登不是少数人的行为，它可以成为普罗大众的精神共鸣，甚至与整个改革开放的共和国历程、每个人的成长奋斗息息相关。华耐已然在这方面建立了在行业、中国乃至世界范围内的专属名片，就其独特的价值存在，构成了一种相对竞争优势，为什么不可以扩而大之，成为华耐与消费者、公众精神连接、内容连接、社交连接的一个入口、空间和平台呢？

这是个去中心化的时代，企业不是唯一的决定者。消费者不再希望只是被销售的一方，他们希望参与企业的构建，无论是产品、行为还是文化。现代的企业必须学会将他们纳入体系，共塑产品、共创内容，在分享中达至推广和营销的效果。这已经不是一种理论，小米已经将之实践成一种投资模式，拼多多已将之创造成一个商业模式。

在通向未来的道路上，现有理论和既有的认知往往是我们前进甚至重塑自我的最大障碍，因为它们大多是对既成事实的局部总结，企业家们是最具创新精神和实践力量的群体，他们从心出发、从满足顾客需要的本质出发，往往能找到更具创造性的答案，将理论推向另一个高峰。彼时，将会有更多的中国经管理论诞生并影响世界。

接下来，再问一个问题，我们的企业应该是什么？是不是将目光放得更远了？这背后燃烧着一把熊熊烈火，那是我们内心涌动的炽热的信念与激情！

文化竞争力

美国专家道格拉斯·霍尔特（Douglas B. Holt）和道格拉斯·卡梅隆（Douglas Cameron）在其著作《文化战略——以创新的意识形态构建独特的文化品牌》中对"蓝海战略"提出的创新方法——技

术创新和混搭创新——进行了审视，认为两种方法都是"被迫去迎合更狭窄的需求、去掌控更小的利基市场"。结果可能发现这不是一个蓝海，而是一个蓝色的小水坑。

在他们看来，很多成功的企业如万宝路、耐克、可口可乐、星巴克等，虽然它们做的创新都是很小的创新，但它们"不同凡响的是它们的产品所代表的意识形态"。比如，耐克以"Just do it"（想做就做）为口号，将其品牌与体育精神结合起来，同时将目光投向更广阔的视野，让人们领悟到日常生活中的那些看上去难以克服的挑战，与种族主义、性别歧视和全球贫困相比，这根本不算什么。耐克通过一系列的品牌打造建立了强大的文化区隔，成功地传递出一种新的应对严酷时代挑战的精神，即我们所称的个人拼搏精神，进而与美国梦联系起来。

品牌的差异化是核心竞争力的一种。其中，相对于泛泛的属性、情感定位，文化精神上的张扬更具有强大的识别性和感染力，更能激发深度的思想与情感共鸣，因为它已经上升到一种精神信念甚至信仰层面。应当说，"攀登精神"具有成为华耐品牌或企业形象差异化识别的内涵，只是因为华耐本身没有独有的产品和店面品牌因素，这种传播更多着力于内部的精神传导和文化建设，在外界的推广方面并没有投入太多传播资源。

当然，其中有现实的考虑，作为一个贸易商做什么品牌？然而，营销发展到现在，很多专业的界限已经消失了。比如宗教是最伟大的营销机构，它有什么产品？没有。它的"店面"大多在人们的心里。依靠精神的连接，它们拥有众多的"粉丝"——信徒。"攀登精神"可否实现精神世界与现实世界的连接？并非不可能。传统的路径是：从产品入手，不断挖掘内在的精神价值，从而形成消费者的价值共鸣。华耐也许可以反其道而行之，从精神的牵引入手，将华耐的产品作为每个人"人生攀登"的一个选择。

这时候，华耐人其实也成了一种"产品"，员工是"攀登精神"的践行者，他们通过各种方式对外"传教"，就是在"销售"自己——一种精神"产品"。

当然，这是"攀登精神"向外扩张、向品牌高峰进军，然后反向推导商业模式的一条道路。再重复一个观点，很多道路看起来不可行只是因为认知未至、资源没有匹配，一旦解除限制的条件并且笃信，可能性就会大大增加。

我们再回到企业文化层面。这看起来更加靠谱，因为依据核心竞争力理论，它的确符合四个识别标准：是否具有价值、是否稀有、是否难以模仿、是否不可替代。文化是制度约束之外更强有力的影响，通过影响员工的思考、情感和行为对业绩产生影响。它有着漫长的历史沉淀，也是企业家和核心团队精神互动的结晶。一群独特的人在一个独特的环境内做了些独特的事，产生出独特的价值思考和文化累积，怎么不稀有，怎么可以模仿和替代呢？

既然文化就是一种核心能力，是否有企业文化的企业就有核心竞争力了呢？在陈春花教授看来，事实并非如此。根据她对企业文化发展阶段的划分，形成具有竞争力的企业文化需要经历生存目标导向、规则导向、绩效导向、创新导向、愿景导向这五个阶段，只有到了"以愿景为导向"才进入真正的企业文化阶段。这个时候，企业是用文化来进行竞争，可以用文化凝聚所有人从而获得强有力的竞争地位。到了这个时候，企业文化才具备了核心价值能力，因为它在内部和外部都建立了强大的识别力；企业进入了愿景驱动、使命驱动的阶段。

　　用句武侠小说里对武功的描写：这个时候功力已经到了"无剑胜有剑，无招胜有招"的境界。比如像乔布斯时代的苹果，它已经不跟你谈产品了，也不谈市场和业绩了，而是谈文化、谈创新。在它面前，什么专业化与多元化之争，什么品牌定位，这些陈规旧律都统统失效了，唯一的规则就是它的文化信仰。产品成为文化最锐利的表达；不符合苹果价值承诺和文化理念的市场，它根本不想进去。

　　华耐拥有一支面向市场、敢拼敢搏、艰苦奋斗的团队，它曾经是一个时代华耐核心竞争力的基础。面对变化，已然形成的团队文化亟待变革和发展。在 2009～2019 年，华耐用了两个富有象征意义的词勾勒出这种变革的轨迹，那就是"红军精神"和"攀登文化"。前者代表一个伴随着中国轰轰烈烈的市场化改革，以勤奋、拼搏迎接改革红利、人口红利、政策红利、产业红利的激情岁月；后者则代表随着改革进入深水区、经济进入新常态，华耐必须从过去的平原逐鹿向高山修炼进发，不断攀登科学与专业的高峰，攀登技术、管理、品牌、战略、文化等各项修炼的高峰，攀登不断创新的高峰，攀登从上到下每个员工积极拥抱变化、共同进化修炼，面向新时代的企业文化的高峰。

　　可以说，攀登精神的提出吹响了华耐创新求变、企业再造的号角，发出了华耐拥抱新时代的总动员令。从员工角度，它意味着自我认知、自我突破、自我超越。我还是那个我，但已经是进入新时代的我，我必须与旧时代尚在舒适区的那个我告别，根据新的需要突破自己、完善自己、超越自己。从经营角度，"攀登精神"要与现在的产品和服务做高度的融合，重新定义华耐的产品与服务。从管理角度，攀登意味着管理体制、组织架构、制度流程等一系列的管理变革，意味着利益格局、目标管理、工作方式的重新排列组合。

从战略角度，它意味着华耐必须尽快找到迈向消费者个性化、一站式消费需求的最佳战略并快速付诸实施。从文化角度，它意味着将过去形成的"人心齐"和共同的行为模式打破，开启一个通向新价值认同的企业文化变革。

在很多专家看来，文化的重要性在于，它与战略相辅相成：它既是战略的指引，战略又需要它支撑；文化与管理相互配合、一软一硬支持目标的实现；文化与每个员工息息相关，文化是魂，员工是体，魂必须附于体上，而员工们的魂如果散乱，会通过具体的行为干扰整个企业再造的顺利推进。

一旦每个员工基于对愿景、使命、价值观的高度认同，形成自我突破、自我超越的习惯，不但会大大提高企业的凝聚力，更会形成拥抱变化、积极创新的组织文化，从而驱动企业将创新视为一种常态、一种习惯。这样的企业文化一旦形成，将具有无可匹敌的核心竞争力，因为整个企业团队成员的胸中不但拥有强大、不断满足消费者的使命，还有着不断实践创新、持续自我进化、不断超越自我的强大竞争能力。

因此，华耐的数千名员工就是公司向前发展的驱动力。当前，最需要重视的战略任务或许是，将"攀登精神"的打造从"形于外"转移到"实于内"，在企业内部开启一场面对危机、拥抱变化的思想大讨论与文化变革，在讨论和践行中凝聚共识，以攀登文化统一全体华耐员工对企业的认知，人人行动、思考、感知，使华耐成为一家具有强大精神驱动和文化感召力的卓越企业，建构基于最高层次的文化核心竞争力。

第三节 ▲ 向善，大道之行

| 攀登重体验 |

2019 年 1 月 5 日，本书作者之一的段传敏接受邀请，加入了华耐登山队对四姑娘山的再次挑战之旅。以下是他对此行的回顾。

在此之前，我没有爬上过 1000 米以上的山。再加上人到中年，四体不勤，许多朋友对我此行表示担忧。

在答应邀请的时候，我只想：目标先定在那里，别人能上我也能，何况有华耐的后勤保障。

此时的四姑娘山已成为华耐的拓展基地。不时有青年登山队、全国的优秀员工、某个销区的团队来到这里。可以说，这里是迈向"7+2"全球挑战的起源地。

在成都下了飞机，驱车直奔海拔 3200 米的四姑娘山镇（原名日隆镇），路上经过映秀镇。后来到了一处可以看到四姑娘山的地方，我们下车休息、拍照。教练开始提醒：不要跳，不要闹，保存体力。到了镇里，教练反复强调，这样的高海拔地区，低温很容易让人感冒发烧，一旦生病严重就不能继续。大家立即全副武装起来：厚厚的靴子、几层羽绒服、围脖、双层手套、帽子再加一层护脸的头套。我的装备是即将完成"7+2"全球挑战的华耐登山队教练兼摄影师宋强帮助采买的，自然放心。即使如此提醒、保护，那个晚上，我真的发了低烧，有人发生了高原反应，很多人非常紧张，欢乐不起来。

第二天是适应性训练，向镇附近的一座 500 米（相对高度）高的山峰进发。我带了自拍杆，刚出发的时候还玩了下自拍，后来很快发现带它纯属多余。在登山的过程中，能跟上已经是相当不错，哪能再分心？

这个登山队阵容堪称豪华：除了宋强之外，还有一位华耐登山队的老战友、自由登山者 Sa 姐。除了非洲的乞力马扎罗峰，其他几站她都和华耐登山队一路同行，已经完成了"7+2"的全球探险，成为全球为数不多的完成这一壮举的女性。此外，还有一位来自尼泊尔的国际登山向导（夏尔巴人），2017 年曾经陪华耐登山队踏上珠峰。也就是说，在我们十多个人的队伍里，有 3 位登上珠峰的队员。除此之外，华耐登山队队员文军曾经攀登乞力马扎罗峰、欧洲厄尔布鲁士峰、珠峰附近的罗布切峰。他已经是第三次攀登四姑娘山了。

对他们而言，这种训练和爬山简直可以说是轻车熟路了。那位 Sa 姐一路向前，很快人影不见了。夏尔巴人的习惯则是走在队伍中后，他的女友竟然也不用登山杖，如履平地。至于热心的"强妈"（宋强热心帮助大家，经常婆婆妈妈，因此得名"强妈"）则一面讲解登山技巧——不要着急，一步一呼吸；一面观察每个人的状态并提醒——解开衣服防止出汗，合上衣服防止着凉。这还不耽误他一路拍照。

至于我，很快就深切地体会到贾锋那句话："到了山上，你就是最后一名，就是被照顾的对象。"宋强时不时过来看看，文军则一直担心地陪伴在我左右，有次还差点跌倒。

即使如此，路必须自己走，要一步步向上迈。

朋友圈有人提醒：别想不开啊，安全第一。

第三天，我们踏上了进军大本营的路程。考虑到我们的体力，这次没有像2013年那样走上去（我查了查，路程18公里，徒步至少要花七八个小时），而是改为骑马。五六个小时之后，到了海拔4300多米的大本营——其实就是几处石头房子，没有床，只有一个通铺，可以睡七八个人。这个时候，一些人高原反应更加强烈。教练反复要求大家少动、少吃、少说话、多喝水、不要到处乱跑，但还是有人吐了，有的人开始吃药，觉得很不舒服。晚饭后，我的高原反应越来越明显，心跳一直很快，和衣躺在睡袋里，根本无法入睡。

迷迷糊糊到凌晨3点，大家起床了。我系个鞋带都要喘上几口，吃饭的时候粥也喝不下了。

就这样，在漆黑的夜里，我仓皇地踏上了攀登的征程。前方看不到山峰，似乎有前行者的灯光，但我根本无暇顾及这些。教练在旁边反复提醒注意呼吸，告诫不要看目标在哪里，只要一步一步向前走、向上走，就会接近目标，抵达山顶。此刻的我已经顾不上别人怎么看、怎么想了，也不管自己怎么落后，只按教练的要求一步一呼吸往前迈。收摄心神，观察呼吸，似乎进入了一种运动中的禅定状态。所有外界的人、景与事，都"听而不闻不动心"了。

教练说，登雪山跟你身体好不好没关系，有时候，越是身体好反应越大，越不注意调适就越撑不住。在大本营，已经有年轻的登山者止步了，听说他们是从镇里徒步上来的。在冲顶的路上，我们也见到了下撤的人员。对此，我已经习以为常了。

天终于亮了。我们发现已置身于海拔 4900 米的垭口。这里已到达雪线的位置，风特别大，关键是坡很陡峭，后来得知这里叫绝望坡，是最难过的一个关口。教练说，登雪山最怕两件事：一是失温，二是滑坠。在风大的山上休息超过 10 分钟就有可能造成体内失温，因此这段陡坡必须一直前进；滑坠就更可怕了，哪怕几十米就可以要人命。随行的夏尔巴人说，山是有神性的，一定要心怀敬畏。正如华耐对"攀登精神"的解读："登顶不是战胜或挑战，而是融入和回归，是用生命与自然对话。"

2019 年 2 月，华耐登山队顾问、著名无腿登山家夏伯渝荣获世界体育最高奖——劳伦斯年度最佳体育时刻奖，以表彰他 2018 年 5 月戴着一双不锈钢假肢登上珠峰。他在现场发言的时候依然对珠峰充满敬畏："我非常感谢珠峰，在去年我 69 岁第五次攀登珠峰的时候，它终于接纳了我，使我成功登顶珠峰。"

站在路上，腿在发抖，话不想说，尽可能贴向地面，向前攀行，向上迈步。旁边，却看见文军和那位尼泊尔夏尔巴人在做一件事，捡路上看到的塑料瓶！这个动作掀起了我心里的波浪，竟比登上顶峰来得猛烈，下山的过程中，我看到他们开始用带的袋子收集这些瓶子和其他垃圾，尽管垃圾在四姑娘山已经相当罕见——可见旅游区的环卫工作做得相当不错，但下到山底，竟一个袋子也装不下。

在大峰峰顶时，我已是身心俱疲，下山时也想着有没有直升机或其他山路可以驱车——被告知"别做梦，原路返回！"跌跌跄跄，终于抵达大本营。还是要出发再下镇里，然后第二天回到成都……整个回程，人晕晕乎乎，喝大杯酒都没有感觉，但脑海却思绪汹涌，各种念头一直纠缠盘旋，其中他们两人捡垃圾的情景始终挥之不去，在心灵深处留下的震撼久久不散……

| 何谓攀登？ |

对"何谓攀登"这个问题，重度体验之后，段传敏陷入了深深的思考："每个经历过的人都有自己的答案，因为它仿佛一次高度浓缩的人生。你可以求助于他人，但必须独自前行；你想追逐风景，它一定是在险峰；你想目标高远，更要脚踏实地；你以为已经竭尽全力，却仍可突破前行；待到人生极致，还需要关心能否下来——因为下山更危险……而且，你以为只有自己是唯一，别人关心的还有环境；你以为是你挑战了山峰，其实可能只是山峰接纳了你……"

那么，对于推行攀登精神的华耐呢？它正在进行一场怎样的攀登？思考多日后，段传敏总结出一个答案，那就是——向前、向上、向善。

向前：以业绩和效益为指标，持续增长，不断做大。这是一个公司存在的第一目的，也是其不断存续的理由和原动力。

向上：以提升核心竞争力为目标，构建独特价值，不断做强。这是一个企业不会被打败的根基，也是能穿越生命体 S 曲线魔咒的不二法门。

向善：一个企业和一个人一样，是有精神的。它绝不只是盈利机器，相反，它由一个个活生生的人组成，是社会的有机组成部分。

盈利只是它的出发点，绝非终途。它的方向应该是"我们应该是什么"这个终极拷问，是企业将坚持什么样的使命、愿景和价值观。它不但带给员工一个工作机会，而且是这一群生命个体的组合，将为顾客、社会、国家乃至人类创造什么样的价值。

在段传敏看来，企业和人一样，向前是其内在的不竭动力；向上则是找寻存在于这个世界的持久价值，并用组织的能力存续、放大这种价值；向善则是其面对世界的基本态度、精神和信仰，是纵使形体毁灭依然心头荡漾的回响、鼓舞人心的存在。

｜ 向善 ｜

对一个企业组织而言，何谓善？

显然，独善其身是一种善。它必须能盈利，能持续生存和发展，而且这必须在国家法律、与员工契约（包括制度、政策履行）的框架下。它不能像有些企业家所说的仅仅是依法纳税、养活员工，它必须坚持基本的诚信。

一位高管说，华耐打动他的地方就是两点：一是"我承诺给你的，全部能兑现"。二是"华耐每月15号发工资，20多年来没有超过15号晚上12点"。他说自己打过工也创过业，深知做到这两点有多么不易。在华耐，年初定下的目标中途不会因为市场向好而调高，制定的股权激励、政策激励有专门的监察部门予以落实。

这种善是一种能力，一种追求，因为你必须不断前进让公司盈利，必须持续盈利完成承诺。所以，华耐人很骄傲地说，27年来一直在发展，近两年虽然增速下滑，但业绩还在增长，公司还在盈利。这种善也是一种责任，一种态度，企业家必须为几千号人负责任，坚守这种价值信念，满足员工基本的生存需要、安全需要。

一个不能赚钱、不能持续赚钱的企业肯定不会是一家好企业；相反，一个只会赚钱的公司不一定是家好公司，除非它拥有法律诚信、制度诚信、重诚守诺。

这只是基本的契约共识。在西方，它是管理学 X 理论所形容的早期资本主义时代。X 理论基于"经济人"的人性假设，将人性假设为厌恶工作、逃避责任的，因此公司必须将人作为经济要素的一环加以管理和控制，经济是最主要的激励手段。第二次世界大战前后，随着工人运动的兴起，Y 理论开始在企业管理实践中流行。这种管理思想认为，人有基本的工作需要，渴望发挥聪明才智，承担责任，因此强调要信任员工，进行管理的分权和授权，与员工参与、协商进行管理。这个时候有人提出"民主的公司是好公司"的观点，它关注的是员工需求中的尊重与自我实现。

华耐在实践中不只是信任和分权，而且直接将这种分享精神引入产权体制层面，在此基础上建立了一整套的分享体系：在体制上分享股权及红利；在激励机制上分享业绩增长红利；在决策上实行民主集中制，充分让股东和员工参与决策讨论和管理执行；在管理上实行分权和授权；在员工晋升上实行轮岗制，促进其发展和自我实现；在人才培训上实行总裁助理制度、EMBA 培训、商学院和游学等制度。也就是说，它比 Y 理论学说大大前进了一步，直接切入到20 世纪 70 年代才开始盛行的员工持股制度。

由于没有经受契约思维的洗礼，中国市场经济建设时间尚短，加之法制建设的相对滞后，大多企业还在补 X 理论这一课，制度化不健全，执行制度随意为之，领导人的诚信更显稀缺。21 世纪初，诚信问题还进入了"两会"的提案，成为社会的呼唤，可见诚信缺失之严重。1993 年诞生的华耐能赢得员工和厂商的信赖，是将诚信列为价值观之首，而且坚决信守、落地的结果。

而把"合作、服务"列为价值观的第二、三位则体现它的仁爱之心，正是它强烈的分享意识、服务意识所体现的强烈的利他思维。赚钱并不是华耐的第一目的，人聚——拉出一支队伍，才是贾锋内心的热望。在确定赚钱的时候，愿意与他人进行股权分享已经不是一般人能够做到的，贾锋所要的不只是把公司做大、自己赚钱，而且是和一批志同道合的人共谋发展、共享其利。在股权的基础上信任人、服务人、培训人、发展人、凝聚人，这个道理很多企业家都明白，但参透名、权、利三个字已属不易，做到何其艰难？这背后就是要真正将人作为公司经营的中心，将"仁爱"二字贯彻到公司治理的方方面面。

孟子说："君子以仁存心，以礼存心。仁者爱人，有礼者敬人。爱人者，人恒爱之；敬人者，人恒敬之。"所谓仁者，不但是慈爱、关爱，而且是具有智慧、人格魅力，善良的人。仁爱当然不是一蹴而就的，相反任重道远，因此在日常生活中需要时时以"礼"自律，时时检束自己的身心。贾锋似乎正是这样做的，除了工作，他几乎没有爱好，他勤于工作、不断学习、博采众长、谦虚真诚，即便在没有人的地方也能够如同在大庭广众之下一样，从不懈怠放纵。

现实中，很多企业家抱怨经理人跳来跳去，缺乏职业精神，抱怨下属没有忠诚和执行力。但请想一下，你把他们的需要放在心上了，还是只是招来即用，不用则弃？有没有对他们忠诚相守、爱护他们、成就他们？你在关心员工方面做得如何？不要觉得给人一份工作就是施舍、给别人机会，在工作层面，大家是平等的、相互需要的、互相成就的，企业家不能身体力行，反要别人忠于企业、爱护公司，恐怕不行吧？再想一想，你多久没与你的员工促膝谈心了？你关心过他的家人吗？当他们无助的时候，你有传帮带的机制和关心他们的行动吗？

除了独善其身、仁爱之心，善的第三个层次则是公共利益。太多老板将公司甚至上市公司视为自己的家产，多少企业家成功后四处移民，他只认为成功是自己奋斗的成果，多少企业家紧紧抓住权力不放，而不是致力于建立公开公正公平的企业制度。在现代企业的治理与管理上，我们与西方的差距不是一两代的问题，这固然也与我们的发展阶段有关，但是否也与我们企业家的认知层次、管理修养和精神世界有关？

19 世纪末，日本刚刚被西方列强打开国门，为什么他们的企业家在 20 世纪末就发展出令西方瞩目的竞争力？他们的文化原本源自中国，为什么能实践出令世界震惊的企业文化？

这就是 20 世纪 80 年代流行于世界的 Z 理论。它是由日裔美国专家威廉·大内率先根据日本企业管理实践总结提炼的管理思想，其核心思想是，人们必须树立整体组织观，认同并接受组织价值、组织目标以及组织观念，强调长期雇用职工以增加工人安全感和责任心，与企业共荣辱、同命运；关心员工的福利，让职工们心情舒畅，形成上下级关系融洽、亲密无间的局面。创造生动的工作环境，让工人们感到工作不枯燥、不单调。重视员工的培训，多方面培养他们的能力；让基层员工享有充分的权利，让中层员工承上启下、统一思想；建立畅通的管理体制，让职工参与决策、下情充分上达……

对照一下华耐，它有大量的十年以上员工，员工收入在行业也颇具竞争力。它建立了关心员工生活、健康、娱乐的团队文化，它的上级服务下级、总部支持一线的精神相当突出，它重视员工的培训，它让中层和基层充分表达自我，它让中层肩负起构建团队文化的责任……尽管没有自己的产品、店面、品牌，华耐通过机制＋文化构建了一个遍布大半个中国的组织，这个团队长时间成为其竞争力的核心。

贾锋一直致力于更加公平的组织环境建设。他反对在工资中设立工龄工资，希望杜绝居功自傲、倚老卖老的情况出现；他倡导干部能上能下，反对一切特权思想。他甚至认为，社会上存在的个人主义、自私、贪婪、冷漠及缺乏尊重和互助，都与社会重要组成部分的企业所实行的私有制有莫大关联；而激发广大员工积极性、主动性和创造性的根本，就要求企业从根源上尊重个人利益，将清晰的个人产权制度以股份的形式确定下来。

这种公共利益之心延伸到合作伙伴，就是与志同道合的企业结盟，长期合作。与唯美集团、乐华家居集团、蒙娜丽莎集团，与中陶投资的20家股东单位，与媒体《中外管理》、腾讯家居，在攀登项目上与孙斌团队……你可以列出一长串的长期合作清单。他们之间不是短期的互相利用，而是长期的携手互助、共同发展。

在社会与国家层面，善的表现是公益之心、博爱之心。贾锋不但参与张家口政协的工作，积极参政议政，建设家乡，还积极参与行业协会建设，同时积极参与社会公益事业。或许其捐助的资金并不是最多的，他花费的时间和精力却多出很多企业家数倍。

除此之外，他拿出华耐在股权方面的实践与社会各界分享，誓言要在民营企业中率先探索模拟股份机制。他甚至在媒体上公开其对所有制问题看起来石破天惊的朴素思考。"民众长期接受的是社会主义公有制的学说教育和影响，内心极其向往那种共同参与、共同拥有的分配和产权制度。"贾锋说，"作为中国企业生力军的民营企业，基本全部实行的是私有制，到哪儿工作都是老板说了算。员工像是寄人篱下，没有自己的股权、所有权和发言权，他们会认同吗？"

这种言论已经触及国家与民营企业都颇为模糊但敏感的边界地带。显见他的思想深远，观点与众不同。

古人云："吏不畏吾严，而畏吾廉；民不服吾能，而服吾公；公则民不敢慢，廉则吏不敢欺。公生明，廉生威。"对一个组织而言，领导者廉洁奉公，管理公正无私在企业中就有了威信；有了公心，就能取得下级或同级的信任。正所谓"大道之行，天下为公"（《礼记·礼运》），到了这个阶段，就快到了"至善"的阶段了。

关于这一点，华耐员工王永福似乎感受到了。"向上最重要的是出发点的善良。善良是最强大的。能帮助身边的人，而且没有目的，自然后面会有结果呈现。"他说，"虽然贾总在公司没有表达过这样的观点，但事实上在这样做，他带着很多人成功了，成就了很多人。以这种善良对待我们的员工和顾客，华耐就能实现自我超越。"

正如稻盛和夫所言："动机至善，了无私心。"只要动机向善，就会得道多助，种善因得善果，利润和成功都会与你一路前行。

｜ 精神之舞 ｜

自 2018 年重新出任总裁以来，贾锋的自我反思一直没有停止过。他反思自己的"固执"问题，"事实上这就是骄傲。只不过当你看自己的时候，从不认为自己骄傲，只说自己固执"。他认为在成功人士的圈子待久了，自认为也成功了。别人当然吹起来也很认真，这个圈子也会放大这种成功感，导致你的自信心和优越感越来越强。"其实想想，换条跑道，或许你什么都不是。不信试着拉出来遛遛？"

贾锋回忆起自己攀登雪山的历程："第一次登顶四姑娘山，还是有点成就感和骄傲的。第二次登乞力马扎罗山的时候，就只想着体验、丈量一下自己。那次就放下了骄傲，端正了态度。我不是要登顶，只是一次自我的检验。到第三次的时候，面对的就是血淋淋的现实：你攀登的哪是山？山根本无视你的存在，谁理你啊！"

他说，很多企业比华耐强大。攀登精神不是要和别人攀比，我们只是想认识自己，就是自我的认知修炼：攀登精神就是实现"自我认知，自我突破，自我超越"，他自嘲现在自己也就是实现了"自我认知"，自我突破和超越根本谈不上。

在经营上，贾锋首先反思的是盈利和业绩："近几年情怀、感情讲多了，但情怀不能当饭吃啊，企业还是要盈利。"他谈及，过去赠送给一线员工的股权出现退股现象，这说明分享机制发挥的作用是有局限的。谈及自己，他说，从小就在反对个人私利、友好协作的环境中长大，雷锋、张思德、邱少云等这些人物给自己留下程度不同的印记。"我是一个企业家代表，还是有情怀的社会主义工作者，不是个赤裸裸的商人，但企业必须追求利润，企业依靠实力。光讲情怀没有用啊！"

他的思考更深入了，因为华耐虽然看起来足够强，但竟然找不到自己的主营业务，卖的不是自己的产品。"一个企业一定要有自己的产品服务体系和模式，这是立身之本；在此基础上，要依托科学管理，进行改革转型提升组织能力。"贾锋说，"管理企业是更高级的技术，统一人心是更难的攀登。企业还是要拥有核心的强大的技术，构建自己的核心能力。"

他进而对之前的价值观进行反思："诚信、合作、服务、创新"，前三个做得还可以，但创新层面做得不够。主要是对创新理解得比较片面，只局限在规模层面、财务层面，"缺少对创新深度的挖掘，没有一种模式上的创新"。

善自省者明，善自律者强。善于自省的人，可以保持清醒的头脑；善于增强自制能力的人，一般有坚忍顽强的意志。在自律方面，贾锋显然是没得说的，有自律能力的人必须懂得自爱，勤于自省，善于自控。贾锋在学习与探讨方面如此积极，因此，他现在反省如此之深，似乎有些过分自责。不过，反过来，作为一个企业家、团队的带头人，严于律己、严以待人既是一种美德，又是一种必需，毕竟掌握权力和能力更大的人，肩负的责任也更大。

贾锋还对攀登文化进行了反思：IP再强，似乎也不能将家居建材多卖几块钱；它对企业（业绩）没有多大帮助，主要是对人帮助大一些；在传导和宣讲方面不是很成功。

他话锋一转，讲了最近读的一本书《人类简史》。

"现在看人类的起源，基本上确定人类是从非洲走出来的。也就是说，我们和黑人、欧洲人、印度人其实都是一个人种。大家原来是一样的，为什么后来发生如此重大的变化？就是因为文化的差异。文明、科技、宗教、信念存在差别。不同的族群讲述不同的故事，形成不同的思维和信仰，建立了家庭、部落和国家，最终形成如此巨大的差别。"贾锋分享，"因此，文化在人类发展的进程中发挥着巨大的作用。如果没有信仰，没有文化，人现在和动物没有差别。"

贾锋坚信，人可以通过学习改变自己的精神世界，优秀的企业文化可以改变人的观念和行为，只是需要条件、方法，以及时间。
"因此，'攀登精神'的打造虽然看似没有业绩，但它就是一个自我
修养认知的过程，这对全公司员工都会产生一些触动、一些启发、
一些激励。"

他说小的时候就受到过启蒙：人类之所以走到今天，是因为人
是群居的动物，懂得协作的动物。也就是说，人和人是可以一起做
事情的，过去的皇帝、大臣和臣民可以形成强有力的关系。因此，
创业开始时他并没有把富有当成目标。他当时的目标是自我实现，
组织一部分人一起干有意义的事情，从而证明自己的强大。"可能我
还没有达到一定层次吧，但我的确生活在一个证明自己的氛围中，
希望活得有尊严。"贾锋说。

因此，从一开始他的创业想法就与众不同。他说："我是社会主
义的追随者。同时，我也相信市场，尊重科学，要带领大家共同致
富。这一点可能随着企业的成长，一些人忘记了、背离了，但我还
记得。"

中国改革开放之初，谈起"主义"往往意味着给具体的事扣上
一个"大帽子"，这往往影响思想的解放、改革的推进，因此，大家
渐渐地不再触及"主义"的心理雷区。然而，不谈论不代表它不存
在。私有化浪潮在相当长的时间内被认为是理论的绝对正确，民营
企业也被大多数人视为理所当然的主流，贾锋却以一个企业家的视
野发出了自己独特的声音。这种观点看似异类却不乏创见，华耐践
行的背后则有企业家满满的情怀担当。

客观而言，在27年的发展历程中，只有近两年业绩停止高速
增长（确切说是发展缓慢）应在情理之中：一方面，陶瓷卫浴行业
几乎是平均零增长或下滑，华耐的业绩还在平均值之上；另一方面，

一个企业的发展本来就是呈 S 形曲线的历程。华耐偏偏要将之画成直线上升的线型，是不是挑战的难度大了些？是不是应该适当放松一下业绩，给团队加加油，休息一下，就像登山一样？

在唯美集团黄建平看来，贾锋提出的攀登精神，对于华耐这样的流通企业而言就意味着销售目标和市场份额上更高的目标。"这很有现实意义，但也会让企业领导层陷入焦虑之中，要想每年的销售保持这样的增长速度，难度和挑战都非常大。这就意味着贾总刚刚登上山，又去爬另外一座山，自己和团队会很辛苦，很累。"

因此，在业务转型、战略转变和管理变革同步前进的同时，华耐又想"以增长促变革"，这本身就是一个无比险峻的山峰。2012 年美的开启向科技化、国际化战略升级的变革后，不但大规模裁撤员工，而且两年内业绩下滑，直到 2014 年才恢复到 2011 年的水平。

所以有人说，企业变革的难度不亚于重新建立一家公司。在华耐转型大家居的 3 年，提出的目标是否过高了，低估了企业变革的复杂度和难度？

无论如何，"攀登精神"的提出为华耐开启内部轰轰烈烈的战略转型升级提供了一个绝佳的思想文化变革的契机。因为，没有文化变革的指引和配套，企业再造根本无法进行。大家居战略的进行，必然引来组织架构、管理制度和业务流程的改变，而业务流程则是由一个个员工的一个个具体行为组成，没有文化变革带来的思想改变，行为的改变无从发生。

可以说，"攀登"二字代表着华耐着力建设的企业文化精神，更代表着其对文化竞争力的执念和努力。它不但生动体现了 27 年华耐不懈奋斗、极限挑战、勇攀高峰的成长历程，体现了贾锋永不服输、敢争第一、向前向上向善的追求，更是当前开启战略变革，建立核心竞争力的攀登旅程。

同样，"攀登"二字不但是华耐从员工到部门的精神气质和人生律条，更是与建立 70 年、改革开放 40 年的中华人民共和国共鸣出时代的旋律。

2019 年 9 月 30 日，国庆献礼片、一部描述我国 20 世纪六七十年代攀登珠峰之举的电影《攀登者》上映。这部制作精良的登山大片在社会各界引发了关于攀登精神的广泛讨论。"我们自己的山，自己要登上去！让全世界看到中国人通往巅峰之路！你们这代人，总是在最艰难的时刻扛起国家的使命，为什么我们不能？"……这些精彩的台词让人热血沸腾。《新京报》评论："'不畏艰险、顽强拼搏、团结协作、勇攀高峰'，这便是中国的攀登精神。"《解放日报》指出："攀登者的精神就是中国精神，攀登精神世代传承，永不磨灭，将继续影响今后的每一个人。"

是的，我们的国家何尝不是在攀登。经历了 5000 年绵延不绝的历史与文化沉淀，经历了近代以来的失败、屈辱、挣扎、求索，1949 年 10 月，它终于重新出发，并于 1978 年开启了伟大的改革开放、与世界接轨的进程。

如今，这个古老而崭新的中国已成为世界第一大贸易国、世界第二大经济体，成功解决了 14 亿人的吃饭问题，正朝着世界科技强国、实现中华民族的伟大复兴目标迈进。这是又一次面向珠峰的伟大攀登旅程，因为国际形势风云变幻，改革开放已经进入深水区，不但要向前继续挺进，还要开始向上——全面建成中国特色社会主义现代化强国。攀登，更要在这一过程中注重环境保护、和谐发展、公平正义和文化复兴，建立一个臻于至善的幸福中国、大同中国。

我们躬逢盛世，何其有幸，步调一致，思想同频，努力向上，个人、组织、社会和国家都在努力攀登，实现梦想；华耐何其有幸，从 8 年前提出"攀登精神"并努力践行，现在它正升华为时代里每个人和国家的精神合唱。

唯有攀登，方为人道；唯有攀登，方为企道；

唯有攀登，方为正道；唯有攀登，方为大道。

科幻片《星际穿越》中，女主角布兰德曾有这样一段经典台词："爱不是人类发明的东西，它一直存在，而且很强大，是有意义的。也许意味着更多，更多我们还无法理解的，也许是某种证据，来自更高维度的文明而且我们目前无法感知……爱是一种力量，能让我们超越时空的维度来感知它的存在。"在这部影片中，爱成为穿越所有维度的唯一力量。

爱就是一种精神执念，精神是文化之魂魄。想当年，欧洲对中国丝绸的爱促进了地理大发现，地理大发现促进了工业革命的诞生；想当年，对家国的爱引领众多仁人志士抛头颅、洒热血，救亡图存终于建立了中华人民共和国；想当年，对家人的爱促发了小岗村民的冒险改革，进而牵动改革开放的滚滚巨轮……整个人类文明的构成，不外乎物质和精神。物质是看得见、摸得着的实物，精神则是看不见、摸不着的能量和信息。精神力量虽然无形，在某些地方却比物质作用要重要得多！对于一个企业、一个国家而言，物质是硬实力，精神则是软实力。软实力强大，可能将硬实力放大数倍；反而软实力孱弱，偌大的国家可能被欺凌、分割。

对企业而言也是如此，业绩、员工、产品、工厂等这些是硬实力的表现，将这些要素有机组织起来的制度、流程、品牌、战略、文化以及背后核心的企业家精神则是更具价值的存在。这些软实力背后的精神力量是可以穿越生命规律、时空界限的唯一力量。它不但可以创造一个企业帝国，而且可以带领人类探索更精微的心灵和更广阔的社会、世界和宇宙的奥秘。

家国天下事，攀登正当时。如今，"攀登精神"已经成为个人、企业和国家旋律的合唱。这是一个难得的历史契机。它会成为华耐不断自我攀登，向着规模、战略、核心竞争力、人心、文化、社会等另一个"7+2"不断前进的新起点吗？

这个问题需要贾锋，需要全体华耐员工共同给出历史答案——

华耐，将向上攀登！

后 记

▲

华耐"折叠"

尽管已经出版过十几本书，但新的这本仍然是写作上的又一次探险。

在此之前，我曾深入研究过苏宁电器、尚品宅配、维达纸业、九牧卫浴、科龙电器、维意定制等标杆企业和品牌，更因媒体的从业经历，走访过数百优秀的企业和企业家。我一直在思考一个问题：中国企业在成长壮大的过程中，带给更多国人甚至世界怎样的宝贵经验和思想价值？

说实话，带给国人的宝贵经验倒是不少，带给世界的思想价值尚初露峥嵘。

回顾近代数百年的中国史，我们的无数仁人志士都在向西方学习，期待从其思想和道路中找到拯救中国、发展中国、强大中国的路径。改革开放的40年，我们更是拼命学习西方的科技、科学（包括社会科学、经济、管理科学等）、制度乃至文化。在经历30年的非市场化生存之后，企业重新以野生、原始的状态出现，在颠覆旧的经济制度、管理方式的过程中，企业管理也蹒跚起步、"野蛮生长"。

1997 年，私营经济比重（包括外资、个体工商业者）从原来的不足 1% 到 50% 以上，2008 年已占比 70%，成为社会主义市场经济的重要组成部分。在改革开放的红利、市场高速发展的红利、人口的红利、城镇化的红利等几大因素作用下，大批的企业依靠胆魄、勤奋、直击目标的效率在波谲云诡的转轨制市场经济汪洋中脱颖而出，在中国这个世界第一大贸易国、第二大（不久的将来是第一大）单一消费市场中规模不断壮大。迄今为止，要想跻身一线企业阵营，营收规模要在千亿元以上。

然而，放眼望去，即使身处"一线"，许多企业也遭遇了大而不强的窘境。且不说那些拥有相对垄断地位的央企、国企（它们纵使跻身世界 500 强，却并非完全市场化），剩下的本土崛起派（如华为、美的、联想、海尔、苏宁、吉利、TCL 等）和西方资本催生壮大的互联网派（如阿里、腾讯、百度、京东、小米、美团、字节跳动等），在全球化程度上，它们中只有华为、联想、海尔、美的的海外占比达到 50% 以上，堪称中国的全球化企业，其他则更多依赖于国内大市场。在技术上，本土崛起派只有华为达到全球领先；互联网派则更多在模式创新上领先，让世界开始刮目相看和效仿。

在一次有关"攀登"主题的论坛上，我谈到企业家何以为"企业家"的话题：第一，他的企业要在中国乃至世界创造独特的价值；第二，他要有自己独特的经营思想并积极与社会分享；第三，必须能向社会和全球展现其产品和企业的精神与文化力量。当然，这三点只有一项条件达成就可以。如果以此为标准，估计能称得上企业家的人数将大大减少，而不是现在的"满天飞"——有家企业，创始人就敢称"企业家"。

当然，我们可以将条件放宽一些，不谈全球，毕竟当下我们大部分时间还处于向西方学习的阶段。所谓的独特价值其实就是企业的核心竞争力。这是一种基于核心资源的不易模仿的软实力——它往往来源于企业的技术创新、组织创新、价值创新（主要指企业文化）、知识创新、管理创新、体制和机制创新，构成因素包括以下诸多方面：战略决策能力、研究开发能力、不断创新的能力、组织协调生产要素有效生产的能力、核心市场营销能力、应变能力和有特色的企业文化等。

我虽然与华耐结识较早，以前却并未深入了解，只知道其经营着不少品牌、营销能力强、发展比较快，但对其核心能力的认识相当模糊。这次研究我有了机缘深入其中，才发现里面竟别有一番天地：华耐在企业文化和体制机制创新方面的确具有相当的特色和独特价值。这坚定和鼓舞了我们撰写本书的信心。

有人曾问任正非，什么是华为的核心竞争力？是不是人才？任正非脱口而出："人才不是华为的核心竞争力，对人才进行管理的能力才是企业的核心竞争力。"

凡是用钱可以买的要素，诸如人才、产能、渠道网络只能构成相对竞争优势，却由于可复制、易模仿而只能作为竞争要素。核心竞争力是基于这些生产经营要素的整合能力、转化能力和运营能力。

企业家的价值和魅力也在于此。他们的出现使组织不再如计划经济时代那样只是各个要素的叠加，而必须在充分竞争的市场中保持对要素的吸引、整合和占有，在此基础上实现质的转化——创造，形成在生产、产品、企业方面的综合效应，将知识转化为技术，资源转化为产品，经营转化为品牌，然后通过精细化的运营获得市场、顾客和效益。这一过程，既是一门科学，又是一种艺术。

在经营科学的运用上，跨国公司远远走在前面，互联网派企业师从跨国公司，在资本和人才的双重优势下奉行专业主义，而本土派则更多靠老板的勤奋、格局与智慧，格局大的跃迁迭代迅速，格局小的继续拼个人智慧和体力。中国企业界一度奉行"全球化思考，本土化行动"的主张，后来进化成"中国理念，西方标准"——任正非就是这方面的代表。他认为，西方二百多年积累的企业管理智慧，值得像华为这样的中国公司学习和借鉴，"面对不确定的未来，我们在管理上不是要超越，而是要补课，补上科学管理这一课"。为此，华为在近 20 年的时间花费几十亿元引进西方管理思想，对接华为的各项工作。

在任正非看来，由于没有经过科学管理运动，中国企业在运营管理中习惯于依靠直觉和经验进行判断，决策的随意性很大，总愿意创新和尝试新事物、新概念，缺少踏踏实实、"板凳宁坐十年冷"的持续改进精神。（来源：任正非在"蓝血十杰"表彰会上的讲演，2014）

的确如此，许多本土派企业不乏创见和创新，但也不乏破坏和盲目，不愿意规范、不成体系，让一个又一个原本成功的企业陷入困境甚至失败。有些失败的原因甚至相当低级：签的合同不规范、没有注册好商标、危机公关失败、没有持续推出新品、盲目上产能、资金链断裂、引入不良合作伙伴、个人不良习惯如赌博等，令人惋惜。

当然，也不乏成功者。我们发现，有一批中等规模的实力派企业正在崛起，它们依靠自己的智慧，结合西方的技术与工具，在某些专业层面的运作实践堪称标杆。其中，华耐家居可算其中一家。这主要归因于它在文化与机制方面的本土化创新探索。

总体而言，我国制造业已完成由加工制造到品质制造的历史性转变，正朝着技术创新、中国智造的新蓝图努力攀登。而在运营管理上，基本沿着西方经典的前进路线，呈波浪形向上提升：渠道、促销推广是所有企业都重视的工作，因其与销售直接相关；财务、信息化、管理则与效益、效率挂钩，日益得到重视；模式、数字化在互联网洗礼下开始在世界崭露头角，但对技术、战略、品牌、体制、文化的重视程度相当弱，偏重短期、偏重机会主义的思维主导了大部分企业，甚至在社会上大行其道，如风口论、IP 论、流量论等都是这方面的折射。

在这样的"主流"氛围中，华耐家居居然能从心出发，守正出奇，在不断进行机制创新的同时，着力打造一种强有力的企业精神文化，这种实践比较罕见，也令人称奇。尽管当前的华耐正在进行经营变革，发展速度陷入一时的低潮，但一旦它完成战略发展方向的定位，我们有理由相信，在强有力的文化基因作用下，华耐将很快会迎来再一次的发展高潮。

因此，华耐在发展的过程中，秉持强大的初心，选择直接从机制和文化入手，打造出一支遍布大半个中国的华耐铁军，不断向更高更远的愿景和目标攀登。它并未像很多企业那样，沿袭西方企业走过的经典企业管理路线，逐级攀升，而是在贾锋的强大信念与不懈努力下，走出了一条类似"空间折叠"的跃迁路线。就好比要从一张平整的纸的一端到另一端，除了走两点间的直线外，还可以直接把纸叠起来，让两点重叠，直接穿越抵达，而不是必须经过漫长的线性成长升级。

| 构建与破碎 |

这是相当"用力"写就的一本书。"用力"首先是因为举轻若重，其次是因为举重若轻。

举轻若重是在内容上力求完美，因此它不但是华耐家居"7+2"项目的小结，是攀登文化和精神内涵的小结，而且是华耐十年转型升级之路的小结，是华耐成长与发展的案例小结，更是未来华耐和无数个中国企业成长之道的总结与思考。在此基础上，它还力图呈现企业与行业的互动、与国家的共鸣。

举重若轻则是在形式上的极致探索。在上述小结的基础上，笔者在写作的过程中将思考打散、击碎，还原企业发展历史中的细节、人物及关键时刻，从普通人、专业人、中层管理者、企业家乃至旁观者的视角，用登山之线、时间之线、文化建设之线、企业发展之线、行业之线、企业家思想之线等无数条线，绘制出华耐家居本来的样子；不拔高、不矫饰，客观真实得甚至可以看得到璀璨烟花下的狼藉，可以看得到光芒四射的容颜下的鱼尾纹。在描绘中记录，在陈述中讨论，在对照中寻找真相，在多元中前进，在逻辑中深入，在专业中思辨，在认知超越中不断跃迁……

这本书扬弃了唯专业主义的高度理性，力求在平实和通俗中走近大众读者；但它不乏专业、深入而高远的分析与思考，让企业管理的各个层级都可以找到对应的素材，进行思考与求解。总之，这是一本面向大众的、带有通俗特征的经管类读物。

可能一些读者会觉得不过瘾，因为本书将思想"揭盅"的权利交给了读者，而不是笔者自己完成所有的分析与总结。因此，这与其说是一本解读企业文化的书，倒不如说是一种邀请参与体验与讨论、最终得出自己结论的"行动"参考，毕竟权威人士的结论只是一家之言——这无论如何是需要警醒的，我们不能盲从于某个专家或名家的高见，而要通过自己的实践与行动，到达真知与真理的彼岸。

本书在所有资料与素材的基础上，先构建系统的认知，然后在写作过程中将认知击碎，将作者的主观观点隐去，力图在多场景和时光纵横中完成"无我—有我—再无我"的过程。这是一种文学式的写法，目的是让作为读者的你有沉浸式的轻松阅读体验，在此过程中完成属于你的认知构建，得出独立的结论。

这是一种构思上的用心，也是一种写作上的探险，限于作者个人能力与认知等因素，或许它会使你难以获得全面而系统的认知与思考，请各位读者不吝提出宝贵意见。

｜ 心是答案 ｜

近代以来，许多国人面对强大的西方国家，一直缺乏自信。直到中国成为第二大经济体、许多企业在世界舞台上与曾经一直追赶的世界 500 强平起平坐，一些人仍然觉得这是偶然，是背靠中国这一巨大市场所致。

无疑，作为发达的西方国家，在科学精神、专业主义、技术原创、规则主导、金融系统、社会建设乃至思想文化等很多层面仍然具有较大优势。然而，我们也不应当妄自菲薄，以为没有了它们在前头带路就无法前进。事实上，在相当长的时间内，我们忽略了自身拥有的巨大优势。我们过去的发展不是建立在西方恩赐的基础之上，未来，我们的强大也一定不是建立在西方主导的体系之内。

　　当然，我们还需要不断地虚心学习。但学习的前提是自信，正所谓"自助者天助，自强者恒强"，无论个人、组织、企业还是国家，都必须坚定自己的选择，走自己的路，自力更生，奋发图强，才能迎来真正的强大。

　　华耐家居的案例向我们生动地呈现出这一点：心是通向未来的答案。只要从心出发，秉持正念和信心，企业家一定可以找到自己的发展道路，建立起企业的核心竞争力，甚至弯道超车，跳跃到西方跨国公司未必到达的境界。仅靠亦步亦趋的学习和跟随是无法与西方"老师"们竞争的，只有我们继续保持对市场的敬畏、对顾客的研究，同时坚持道路自信、理论自信、制度自信、文化自信，弘扬我们的文化与价值观，中国企业的竞争力才能真正傲然挺立于世界，成为他国研究和效仿的榜样。

　　当然，我绝不是说华耐的实践近乎完美，事实上，我宁愿将之视为有相当的残缺。这种残缺尤其表现在专业性和系统性上。

　　文化固有的特点表现为延迟性和稳定性，它往往伴随着业绩的成长逐渐成形、稳定，又往往变成阻碍变革、创新的某种桎梏。因此，业绩的降速恰恰体现了企业文化变革的重要性，说明已经耗尽了前期建设的企业文化的红利，需要用创新的文化取而代之。具体到华耐，攀登文化不是在否定过去，也不能回到过去，而是探索如何将其精神落到实处，指导公司的战略、目标、流程、产品等，从而完成企业的自我再造。

　　但专业性和系统性值得注意。专业性可以避免决策和工作的主观、随意、模糊，毕竟企业文化建设是一项专业学科，也涉及许多跨专业协同，只凭粗线条的认知、各部门的自我认识，即使竭尽全力、花费甚巨也未必效果显著。同时，企业文化建设是一个完整的体系，它也不单单是人力资源、企业文化或品牌部门的职责，而是从上至下，由表及里，从理念、制度到行为规范等的全方位运作，只关注局部难免顾此失彼，只关注重点难免失之毫厘、差之千里。

不过，这种残缺并不能掩盖其案例带来的价值和意义，相反，正是这种残缺才让其更加真实生动，具有相当的参考和研究价值。所谓的企业实践绝不是按图索骥，或者照搬理论和知识，而是企业家和企业在内化所有要素和智慧后的经营管理，也即专业也好系统也罢，必须与企业家的认知匹配，必然与企业的组织系统和经营活动匹配。毕竟，如果不被企业家和企业认同、接受，再好的知识、专业和理论都是废品。华耐的状况恰好反映了中国大多数创业者的状态——企业家往往不是具有多专业能力的专才，而是具有创新精神的通才，但他们往往对企业的经营行为具有强大的决策影响力，因而也就有了更广泛的案例价值。

太完美的过程往往缺乏真实，容易因照搬而犯错；残缺的存在才让案例更为真实并有了省思和借鉴的空间。

致　谢

▲

与华耐家居的相识很早，大概在 2005 年。当时有几位家电行业的同事纷纷加入华耐，我因此得以与其总裁贾锋先生结识。当时的华耐只有几亿元的规模，但其吸纳人才的视野与心胸令人印象深刻。次年，我还邀请贾锋出席了在北京星河湾举行的"中国营销领袖年会"。

那几年，我经常去北京出差，与华耐保持着互动与往来。贾锋先生有着旺盛的学习热情，记得我曾协助营销界的大咖为其举办沙龙。真正让我充满好奇并开始了解他，是从 2013 年华耐宣布攀登"7+2"的计划。不为别的，只因为这份挑战自我的勇气，深深地触动了我。一家民营企业，一家流通性质的企业，提出这样的目标看似"不切实际"、近乎疯狂，这背后是有着怎样的故事和精神动力？我百思不得其解，于是开始了对华耐攀登文化建设的深入观察与探询。

说是一句话，做是万般心。"7+2"的攀登计划提出相当容易，背后却是持续不断的坚持和企业经营的底牌，因为每年一次的攀登活动所费不赀。关键是，如此"高精尖"的项目似乎更具象征意义，与企业文化所要面对的"普罗大众"（员工）相去甚远，难免常受非议，尤其是企业经营困难的时候。

但 2019 年 12 月，尽管出现历史上罕见的销售增速下滑，华耐登山队依然踏上了"7+2"的收官之战——南极之旅。经过近一个月的艰难跋涉终于完成了对南极最高峰文森峰和南极极点的挑战。

凡事有始有终，定下的目标一定要实现。这或者是攀登精神带给华耐员工和外部人士无形而强大的震撼，也是华耐一路向前、向上的强大精神动力。

在本书即将付梓之际，我想感谢以下人士：

感谢华耐家居总裁贾锋先生以及他的优秀团队，能够对研究团队毫无保留地开放和分享。一些朋友事无巨细地为我讲述了他们的所见、所行、所感，尤其是他们可以分享不同的观点并自我反思。一个真正强大的企业一定是建立在不断的忧患和反思上的；员工们的思想独立与活跃是企业持续前进的不竭动力。

感谢卫生陶瓷协会会长缪斌、中国建筑装饰协会装饰与住宅部品产业分会秘书长胡亚南、全国工商联家具装饰业商会秘书长张仁江等行业内朋友。他们都是行业的资深观察家，他们的观点让华耐的攀登精神有了颇具价值的行业视角。

感谢唯美集团董事长黄建平，乐华家居集团董事总经理谢岳荣，蒙娜丽莎集团董事、副总裁邓啟棠等家居行业的企业家，他们从企业管理的不同角度为我剖析了攀登与企业文化的价值所在，让我对企业文化的理解更加宽泛，对华耐精神有了更深入的了解。

对于攀登精神，我不想只停留在观察层面，更想真真切切在路上去感悟，因此感谢文军和华耐的邀请，让我生平第一次踏足 5000米以上的雪峰四姑娘山。当然，也因此有机缘结识中国登山家、华耐登山队荣誉顾问夏伯渝老师，巅峰运动户外学校校长、巅峰探游创始人、中国登山队原教练孙斌，全球第五位完成"7+2"的华人女性 Sabrina 等各位登山界的大咖。他们在极限攀登领域的专业意见让我对攀登精神有了深切体验和强烈共鸣。

感谢财经作家吴晓波先生，著名媒体人秦朔先生，美的集团董事长方洪波先生，TCL 实业首席执行官王成先生以及著名管理专家、《华为基本法》起草者之一的施炜教授对本书的热情推荐。

为了保证本书资料的准确性，文军、张海霞、高雪峰、陈国光、陈海等朋友热心地协助核实相关信息，他们甚至义务承担了部分校对工作，非常感谢。

当然，感谢我的伙伴栾春晖，一位思想颇为活跃且行动力强的资深媒体人，他的加入使本书更加丰富、立体。同时也要感谢项目成员温漫谊，为本书的采访和资料收集费心费力，感谢王有滢，为本书的封面设计殚精竭虑……

最后，我要感谢经济管理出版社的信任，感谢相关工作人员，使本书终于能和广大的读者见面。没有大家的帮助，本书不可能付梓。在此我再次对所有为本书提供帮助的朋友一并致谢！

这是我的第 12 本书。每一本的写作都要经历思想解放、身心沉浸到持续难产的过程，每一本书都是自我思想、人生经历的一次前所未有的跃进。这是迈向未知的艰难、痛苦但又充满快乐的旅程，又何尝不是关于人生的一种攀登？其实，何止是华耐在攀登，你我都是攀登路上的同路人！

段传敏

2020 年 7 月 6 日

华耐登山队
全球"征无止境 7+2"攀登历程

北京时间 2013 年 11 月 18 日 13 点 18 分，华耐登山队成功登顶海拔 5895 米的非洲之巅——乞力马扎罗山

华耐登山队登顶队员: 贾庆贺、马建国、杨再勇、寇海龙、牟国群、陈晓、贾锋、李洋、吴秀峰、李兵林、孙斌、宋强

1、 北京时间 2014 年 5 月 18 日 14 点 50 分，华耐登山队成功登顶海拔
5642 米的欧洲之巅——厄尔布鲁士峰
华耐登山队登顶队员：李海洋、贾庆贺、李兵林、吴延军、文军、李洋、
吴秀峰、马建国、宋强
照片中其他人员为：张朝阳

2、 北京时间 2014 年 12 月 5 日 0 点 15 分，华耐登山队成功登顶海拔
6964 米的南美之巅——阿空加瓜峰
华耐登山队登顶队员：宋强、马建国、李海洋、李兵林

/ 1 /

1、 北京时间 2015 年 7 月 10 日 11 点 20 分，华耐登山队成功登顶海拔 6193 米的北美之巅——麦金利峰

华耐登山队登顶队员： 宋强、马建国

照片中其他人员为： 曾玉、陈琼、包一飞

2、 北京时间 2016 年 4 月 24 日 21 点 57 分，华耐登山队成功到达北极极点，完成"征无止境 7+2"第五站

华耐登山队队员： 宋强、贾庆贺、张颖光、王卉卉、马建国

照片中其他人员为： 温慧姝

3、 北京时间 2017 年 5 月 22 日 4 点 25 分，华耐登山队成功登顶 8844 米的世界屋脊——珠穆朗玛峰

华耐登山队登顶队员： 马建国、宋强、王卉卉

4、 北京时间 2018 年 7 月 1 日 9 点 05 分，华耐登山队成功登顶 4884 米的大洋洲之巅——查亚峰

华耐登山队登顶队员： 文军、马建国、宋强、刘金桩

/ 2 /

/ 3 /

/ 4 /

1、 北京时间 2019 年 12 月 13 日凌晨 4 点，华耐登山队
   成功登顶海拔 4897 米的南极洲最高峰——文森峰
   华耐登山队登顶队员：马建国、宋强

2、 北京时间 2019 年 12 月 22 日凌晨 4 点 30 分，华耐
   登山队成功到达世界最南端——南极点，"征无止
   境 7+2"攀登计划圆满收官
   华耐登山队队员：宋强、马建国

华耐还曾攀登其他山峰

2012 年 2 月 1 日，503 名华耐管理人员在 7 级大风和 -35℃
的极寒天气下，攀登了北京最高峰——海拔 2303 米的灵山

/ 1 /

1、 2013 年 1 月 24 日，中国家居行业首支企业登山队——华耐登山队
正式组建

2、 2013 年 1 月 27 日，成立仅三天的华耐登山队成功登顶了海拔 5396
米的哈巴雪山

3、 2016 年 1 月 19 日，华耐登山队青年干部分队 10 人成功登顶 5025
米的四姑娘山大峰

4、 2016 年 7 月 24 日，华耐登山队马建国、宋强、王卉卉、徐振杰成
功登顶 7546 米慕士塔格峰，7 月 26 日华耐家居集团董事长贾锋连
同北大校友队也一举成功登顶慕士塔格峰

/ 1 /

/ 2 /

1、 2016 年 12 月 12 日，华耐登山队青年干部分队 10 人成功登顶 5454 米的四姑娘山二峰

2、 2019 年 11 月 8 日 9 点 30 分，时任华耐家居首席战略官文军，华耐登山队教练、高山摄影师宋强带领华耐家居近 20 余位客户，用时 4 小时 10 分，全部成功登顶海拔 5025 米的四姑娘山大峰